L'ABBÉ A. BARAUD

CHRÉTIENS ILLUSTRES

AU XIXᵉ SIÈCLE

HOMMES POLITIQUES

Ouvrage orné de gravures.

PARIS
rue des Saints-Pères, 30
J. LEFORT, IMPRIMEUR, ÉDITEUR
A. TAFFIN-LEFORT, Successeur
rue Charles de Muyssart, 24
LILLE

CHRÉTIENS ILLUSTRES

AU XIXe SIÈCLE

HOMMES POLITIQUES

Grand in-8° 4° série *bis*.

DÉSIRÉ NISARD
MEMBRE DE L'ACADÉMIE FRANÇAISE

L'ABBÉ A. BARAUD

CHRÉTIENS ILLUSTRES

AU XIXe SIÈCLE

HOMMES POLITIQUES

Ouvrage orné de gravures.

PARIS

rue des Saints-Pères, 30

J. LEFORT, IMPRIMEUR, ÉDITEUR

A. TAFFIN-LEFORT, Successeur

rue Charles de Muyssart, 24

LILLE

ÉVÉCHÉ

DE

LUÇON

MONSIEUR ET CHER CURÉ,

Votre ouvrage : **Chrétiens illustres au XIXe siècle**, est une œuvre d'apologiste dont je vous félicite.

En vous lisant, les chrétiens convaincus verront avec une sainte joie des cœurs d'élite, des esprits supérieurs apporter à nos croyances l'hommage de la science et de la vertu, et ceux que l'incrédulité a plus ou moins atteints, reconnaîtront combien est absurde le préjugé, toujours si répandu, que la foi et la raison sont incompatibles.

Ils apprendront que, si les âmes médiocres refusent de soumettre à l'enseignement divin leur intelligence orgueilleuse, les âmes les plus nobles prouvent, au contraire, par leurs convictions et par leur vie, qu'il est souverainement raisonnable de croire.

Je fais des vœux, cher Monsieur le Curé, pour le succès de votre livre.

Agréez, avec mes félicitations, l'assurance de mon affectueux dévouement en Notre-Seigneur.

CLOVIS-JOSEPH,
Évêque de Luçon.

AU LECTEUR

Il est beau, il est souverainement consolant de voir, depuis bientôt dix-neuf siècles écoulés, que les plus fermes esprits, les génies les plus puissants se sont inclinés avec respect et amour devant cette religion divine que Jésus-Christ est venu révéler au monde.

Il est beau d'évoquer cette grande lignée de poètes, d'orateurs, d'écrivains, d'artistes, de philosophes, d'hommes de guerre, de princes, de pontifes et de saints qui, à toutes les heures de l'histoire et dans toutes les générations, ont rendu à la Vérité un éloquent et perpétuel témoignage.

Ces hommes forment vraiment l'élite de l'humanité. On fatiguerait le lecteur si l'on voulait dérouler ici cette liste magnifique des grands cœurs, des grands esprits, des grands génies du Christianisme. Il faudrait repasser l'histoire entière, et allant de saint Augustin à Boèce, de saint Thomas d'Aquin au Dante, de Charlemagne à saint Louis, du Camoëns à Raphaël, de Bayard à Turenne, de Pascal à Bossuet, de Corneille à Chateaubriand, de Mozart à Gounod, de saint Vincent de Paul à Lacordaire, reconstituer toutes les étapes et toutes les gloires des soixante et quelques générations passées.

Nous préférons nous en tenir à ce siècle, qu'on a appelé le siècle des lumières, et n'interroger que les hommes qui ont brillé, à des titres divers, dans notre temps. Leur témoignage, pour être plus actuel, n'en sera ni moins solennel, ni moins concluant. Or, n'est-ce pas un consolant et fortifiant spectacle de constater que presque aucun de ces puissants esprits qui ont marqué leurs traces dans le dix-neuvième siècle n'a passé au milieu de nous sans rendre, soit dans sa vie, soit dans sa mort, au Christ Sauveur et à sa religion sublime, le culte public de sa foi et de ses humbles adorations.

L'exemple est une leçon puissante, et il est bon de la présenter aux jeunes gens, qui entrent à peine dans la vie sociale, aux hommes distraits de ces hautes questions religieuses par les préoccupations des affaires et le bruit, parfois les clameurs d'une certaine presse, qui voudrait faire et représenter l'opinion, en essayant de prouver que la raison et la science ont besoin de se séparer de la foi pour conserver leurs droits et leur fécondité.

La raison séparée de la foi! Trop souvent nous l'avons vue à l'œuvre, et elle montre bien ce dont elle est capable : faire des orgueilleux et des révoltés. Elle offre le perpétuel contraste de son orgueil et de ses faiblesses, de ses audaces et de ses impuissances. D'erreur en erreur, elle nous ramènerait, si seule elle gouvernait la société, à la licence la plus honteuse et à une barbarie plus ou moins savante.

Quand, se livrant à l'étude des forces de la nature, la science reste dans la tradition des grands savants chrétiens dont les siècles passés ont consacré la gloire ; quand la recherche des secrets de la matière ne la détourne pas de la lumière surnaturelle ; quand, en découvrant quelques-unes des lois qui régissent le monde physique, elle reconnaît celles qui régissent le monde moral et s'incline devant le Créateur et l'Ordonnateur de ces harmonies, c'est la vraie science, la science vaste et féconde, la science qui ouvre des horizons à l'esprit humain et ne creuse pas des abîmes. Elle remplit merveilleusement son rôle en favorisant le mouvement de l'humanité vers Dieu.

Mais la science séparée de son principe, la science athée et matérialiste, la science qui ne voudrait pas croire en Dieu parce qu'elle ne l'a pas touché comme un organe matériel, cette science est fausse, mutilée et incomplète ; le coup d'aile lui manque pour s'élever et porter les esprits vers Dieu.

La séparation de la science et de la foi, tel est le but vers lequel tendent les savants incomplets ; l'accord de la raison et de la foi, voilà où tendent les penseurs chrétiens. Grâce à Dieu, dans notre siècle si sensuel et si matérialiste par tant de côtés, nombreux encore sont les savants qui se font gloire de rechercher dans les vérités de la foi un point d'appui pour leurs élans, un point de repère dans leurs recherches et leurs travaux, une barrière contre la fougue de la raison. Aussi bien, sommes-nous heureux et fiers de nous retrouver dans la société des esprits vraiment intelligents de cette fin de siècle, de les montrer au monde chrétien et de marcher en leur société vers les destinées éternelles.

Déjà, dans un ouvrage précédent (1), nous avons admiré cette pléiade d'hommes distingués par leur situation, leur science et leurs talents qui, dans ce siècle, ont voulu s'inspirer de la foi et embrasser ses croyances. Nous présentons ici un nouveau tableau d'une vivante actualité, en faisant revivre ces figures de nos contemporains disparus depuis peu.

Ce spectacle nous a fortifié. Puisse-t-il exercer la même influence sur nos lecteurs ! Et alors chacun d'eux pourra dire avec le poète :

> *C'est peu de croire en toi, bonté, beauté suprême,*
> *Je te cherche partout, j'aspire à toi, je t'aime !*
>
> . . . .
>
> . . . .
>
> *Soleil mystérieux, flambeau d'une autre sphère,*
> *Prête à mes yeux mourants ta mystique lumière !*
> *Pars du sein du Très-Haut, rayon consolateur !*
> *Astre vivifiant, lève-toi dans mon cœur ! (2)*

En la fête de sainte Marie-Madeleine, 22 Juillet 1892.

A. BARAUD

Prêtre du diocèse de Luçon.

(1) *Chrétiens et Hommes célèbres au XIXe siècle,* 3 vol. in-12, illustrés, chez l'auteur, à la Caillère, Vendée. — Voir aussi : *Artistes, littérateurs et savants au XIXe siècle,* gr. in-8° illustré, chez Lefort, Lille.

(2) *Lamartine.*

CHRÉTIENS ILLUSTRES

AU XIXe SIÈCLE

HOMMES POLITIQUES

AMAGAT

DÉPUTÉ, DOCTEUR EN MÉDECINE ET EN DROIT.

(1818 — 1890)

> « Je donne ma dernière parole à la liberté
> de conscience, et mes derniers vœux à ceux
> qui souffrent pour elle. »
>
> (AMAGAT.)

Le nom d'Amagat doit être ajouté à la longue liste des savants qui humblement, pieusement ont quitté la vie en affirmant et en prouvant leur croyance profonde dans l'immortalité de l'âme et les récompenses divines.

C'est le 4 juillet 1890 que notre pays a perdu cet éloquent défenseur des vraies libertés, M. Amagat, docteur en médecine et en droit, député du Cantal depuis 1881. Sa mort a retenti dans la France entière, et la ville de Saint-Flour en était dans la stupeur, car ce fut une force que M. Amagat, et les catholiques, pour lesquels il a combattu, s'en souviendront toujours.

Son talent, personne ne le contestait, sa sincérité était entière, et son nom demeurera inscrit en lettres d'or parmi les noms qui ont illustré la tribune française.

« Lorsque Dante, dans son divin poème, parvient jusque devant la face de Dieu, il s'arrête, épuisé, et le chant s'éteint sur ses lèvres.

» Ainsi a fait Amagat. Il a marché toute sa vie, toujours vers la lumière, et quand la Lumière par excellence s'est dévoilée à ses yeux, il s'est dit :

» — J'ai assez vécu ! et son cœur a cessé de battre.

» Oui, il est mort, le crucifix aux lèvres, soutenu des divines espérances, avec la foi d'un premier communiant et l'amour d'un anachorète. Dans toute la plénitude de ses facultés, il s'est retourné vers la religion, cette mère qu'aucun oubli, aucun errement ne rebute. Spontanément, il a dit à un prêtre catholique :

» — Je m'agenouille devant toi : je sais quel pouvoir tu tiens du Christ, absous-moi. Tu pétris de tes mains le Pain vivant, le Pain éternel, nourris-moi ; tu gardes les clefs du ciel, ouvre-moi !

» Ces pensées consolent notre douleur : Amagat retrouvant à son lit de mort ce glorieux titre d'enfant de la Lumière, qu'une mère chrétienne avait mis dans son berceau. Quelle joie (1) ! »

Louis-Amand Amagat avait connu, en effet, dès le berceau, le bonheur de la religion chrétienne. Après avoir étudié la médecine, il fut reçu docteur, puis agrégé en 1879 à la Faculté de Montpellier. Chargé du cours d'histoire naturelle, il attira sur lui l'attention par un système particulier d'exposition, consistant à mêler aux faits scientifiques la politique et ses opinions personnelles.

Ses succès furent considérables auprès de la jeunesse ; mais, signalé au ministre, on le remplaça par un autre

______

(1) *M. Ogier d'Auvergne*, rédacteur du *Courrier d'Auvergne*.

agrégé. Se jugeant victime de dénonciations calomnieuses, Amagat demanda une enquête au sujet de laquelle les étudiants le soutinrent. Les désordres qui s'ensuivirent amenèrent la fermeture de son cours. Rayé des cadres de la Faculté de Montpellier, le jeune professeur fut cependant recommandé à la bienveillance du pouvoir : c'était la reconnaissance de son talent.

La carrière de l'enseignement lui étant fermée, M. Amagat se dirigea du côté où paraissait l'appeler son tempérament amoureux de la libre discussion, vers la politique; et, aux élections du 21 août 1881, on le vit se porter, dans l'arrondissement de Saint-Flour, comme candidat de l'extrême-gauche.

Dès l'ouverture de la session, le nouvel élu se signala par son empressement à paraître à la tribune dans les affaires de Tunisie, mais, son élection combattue par le ministère ayant été annulée, il dut se réprésenter et fut nommé, une seconde fois, par près de sept mille voix, dans la même circonscription.

Il partit plein de la foi et de l'enthousiasme d'une vigoureuse jeunesse, rempli de l'ardeur et du patriotisme d'un témoin de nos revers, ce qui voilait pour lui le scepticisme de notre époque. Aussi bien, le vaillant député devint victime de cette exubérance de nobles sentiments.

Combien étaient-ils, ces rieurs cruels et aveugles, le tournant en dérision, qui se fussent montrés capables de répondre à l'éloquent défenseur de la vérité et de la liberté qu'ils bafouaient?

C'est par eux, cependant, que s'ouvrirent les yeux de cet aveugle croyant. Sous les parades de leur faux patriotisme et de l'amour trompeur de la liberté, Amagat vit le jeu des égoïstes intérêts et devint plus perspicace. Il dut revenir des premières illusions de sa jeunesse, et bien que sa foi républicaine ne se soit jamais démentie, son esprit droit et sincère ne sépara pas comme tant d'autres, la liberté de la république.

Ne pouvant songer à sacrifier la première à la seconde, « il se refusait, a dit à ses funérailles M. Andrieux, à reconnaître la République sous les travestissements que lui ont imposés des hommes, qui se disent ses fils, mais qui répudiant ses principes n'ont retenu de son héritage que son nom.

Amagat, et c'est le grand honneur de sa trop courte carrière, ne s'est asssocié, ni par ses paroles, ni par ses votes, à aucun acte d'ostracisme, à aucune violence contre la liberté. Il n'est responsable d'aucune larme versée, d'aucun sang répandu : aucun exilé n'a passé la frontière en maudissant son nom. »

Dès la première heure, en 1881 comme en 1885, où il posa sa canditature en dehors de toute liste républicaine ou conservatrice, M. Amagat avait pris la qualification de républicain indépendant. Il justifia, en effet, dans la plus large mesure son indépendance d'opinion et de caractère, et sur un grand nombre de questions se sépara du gros de la majorité.

D'union avec les républicains il n'en voulut point, quand ceux-ci combattaient la liberté et la justice et pratiquaient la tyrannie contre leurs adversaires.

C'est ainsi qu'on le vit prendre la parole et voter contre toute expédition coloniale, le bannissement des princes, les lois scolaires, la persécution religieuse, ce qui lui valut les applaudissements des catholiques. Aussi M. Amagat renonçant à ses plus chères illusions et réduisant ses beaux rêves aux nécessités du temps, se dit-il que ce serait une noble tâche que de défendre pied à pied contre la *faction* les conquêtes du passé.

Il chercha donc quels travaux seraient les plus utiles et les plus abandonnés, fussent-ils les plus difficiles, et les ayant trouvés, il se dévoua avec passion à l'étude approfondie du budget et des questions qui s'y rattachent.

Nul n'en scruta plus minutieusement tous les secrets, n'en dénonça avec plus de courage, d'éloquence et d'autorité les abus révoltants dans ces discours que le pays chaque année attendait avec impatience lors de la discussion du budget. Travailleur infatiguable, chercheur obstiné pour trouver la solution des problèmes économiques

AMAGAT (député du Cantal).

qui faisaient l'objet de ses préoccupations et de ses études, c'était un homme d'un grand avenir.

Beaucoup voyaient dans Amagat un futur ministre des finances, et certes, ce savant aux idées libérales, aux sentiments élevés, qui connaissait si bien les fautes commises que son patriotisme condamnait, aurait pu rendre au pays les plus signalés services.

Mais laissons ce sujet : laissons également à d'autres plus compétents le soin de dire sa science médicale, sa science juridique, comme ses connaissances financières qui ont fait de lui en peu d'années un des premiers économistes de ce siècle.

Ses deux grands ouvrages sur les *Finances françaises* suffiraient pour donner de l'éclat à son nom. Ce que ces deux livres, écrits en un style remarquable de vigueur et de clarté ont demandé de recherches, de puissance d'assimilation, d'études persévérantes, ceux-là l'expliqueront qui se rendent compte de ces sortes de travaux, et qui sont à même d'apprécier et de faire apprécier la lumière apportée par ces mêmes travaux dans des questions de première importance pour l'indépendance, la grandeur, la vie même de notre pays.

Ce que nous voulons dire c'est la fin chrétienne, admirablement chrétienne de M. Amagat, et ici nous empruntons les paroles de M. l'abbé Lesmaric, directeur de la *Semaine Catholique* de Saint-Flour, bien placé pour connaître la vérité sur la fin de M. Amagat, et qui nous affirme que son récit est de la dernière exactitude (1).

« On a dit que M. Amagat, professeur à la Faculté de Montpellier, était libre-penseur. C'est possible ; l'intelligence humaine est toujours infirme par quelque endroit, toujours l'erreur cherche à se glisser à côté de la vérité, et l'exemple du plus grand génie peut-être qui ait illuminé la terre, saint Augustin, est là pour nous garder de tout étonnement.

» Pour M. Amagat, s'il s'est pendant un temps écarté de Dieu, « une nature si honnête et si loyale, nous écrit Mgr Freppel, devait tôt ou tard revenir à la vérité ! »

Cette vérité, depuis cinq ans surtout, M. Amagat l'a trop servie pour qu'elle ne finît pas par éclater tout entière à ses yeux.

(1) Que M. Lesmaric reçoive ici l'expression de notre gratitude pour l'empressement avec lequel il a bien voulu mettre à notre disposition tous les documents nécessaires pour écrire cette notice.

Consultez les annales de la Chambre : dans chacun des grands discours de notre vaillant député, vous trouverez la revendication des droits de la conscience catholique. Plus nous avancions, plus cette revendication s'accentuait.

On la trouve dans le Rapport sur le budget des Cultes, dans des allocutions diverses, dans presque tous ses articles de la *République libérale;* elle éclatait enfin, en des accents auxquels il n'y avait plus à se méprendre, à Chinon, à Blaye, où l'orateur s'élevait avec une véritable éloquence contre « la faction qui a tout insulté, jusqu'au sentiment religieux de nos mères; qui a tout profané, jusqu'à l'école où vous voulez que nos enfants prient et s'élèvent dans le bien; qui a porté la main jusque sur le droit et la propriété des pauvres, chassant la sœur hospitalière des asiles de la souffrance, comme si notre époque était trop féconde en charité. »

Ce sont les dernières paroles prononcées en public par M. Amagat.

Ces paroles ne sont point d'un libre-penseur, et qui plus est, le libre-penseur qui les prononcerait aurait droit à la récompense que l'éternelle justice ne peut refuser et jamais ne refuse.

Je le vis quelques jours après son retour de Blaye :

— Vous le voyez mieux que personne, lui dis-je, ce ne sera rien; mais, du repos, car nous avons encore besoin de vous.

— Oh ! me répondit-il avec un sourire et ce regard profond qu'on n'oublie pas, Dieu n'a besoin de personne, et s'il ne fallait que le sacrifice de ma vie pour contribuer à la délivrance de la France, je ferais bien volontiers ce sacrifice.

Mais le mal était loin de céder....

Tout travail fatiguant lui était interdit. Sans effort, comme naturellement, le cher malade prenait l'*Évangile*, et l'*Imitation de Jésus-Christ*. Il lisait ce livre divin, et cet autre livre « le plus beau qui soit sorti de l'intelligence humaine, puisque le premier vient de Dieu. »

Il les reprenait, ces deux livres chaque jour, et chaque jour, il « pouvait, telles sont ses paroles, de moins en moins résister à la Lumière. »

— Il est divin ce livre de l'*Imitation*. Tenez, ajoutait-il, je l'ai appris presque sans m'en douter, et je le sais comme je sais les chiffres du budget.

Le vendredi, 27 juin, une crise survint. M. Amagat demanda un prêtre.

— La mort approche, dit-il, je veux me confesser.

Affectueusement on essaya de le rassurer ; tout en démontrant combien on serait heureux d'accéder à ses désirs, on lui proposa un délai :

— Non, non, dit-il, à quoi bon ?

Et après s'être confessé dans la plénitude de ses facultés, il reçut le 28 juin, huit jours avant de mourir, la Sainte Eucharistie des mains de M. le chanoine Lamouroux, prêtre plein de foi, noble cœur, bien digne de comprendre le grand cœur qui s'ouvrait et se confiait à lui.

Et la grande préoccupation du malade était de savoir s'il était digne de recevoir son Dieu.

— Pour la science de ma religion, disait-il à ceux qui l'entouraient, ne craignez rien, je n'ai rien oublié, je sais ; mais ma foi est-elle assez vive ? Dieu sera-t-il content ?

Et les larmes et les prières lui répondaient seules, mais éloquemment. C'est le cas de redire les paroles du Prophète-Roi :

« Dieu s'éloigne des superbes ; à ceux qui s'humilient devant sa majesté suprême il donne la science et la force. »

A propos de Mgr l'Évêque et de quelques ecclésiastiques qui l'accompagnaient, il me disait le 1ᵉʳ juillet :

— Je vais mourir, remerciez Monseigneur et tous les prêtres de l'arrondissement et du département qui m'ont témoigné une confiance dont j'ai tâché de n'être pas être indigne.

» Venez, ajouta-t-il, j'ai préparé pour vous ma dernière pensée. Elle est sous enveloppe cachetée. Vous l'ouvrirez après ma mort, et vous publierez cette pensée, c'est mon testament politique. »

Puis, au milieu de larmes à peine contenues, nous parlâmes de l'avenir possible encore, d'un ami commun, disparu il y a quatre ans, et que nous aimions profondément l'un et l'autre.

Le nom de Mgr Freppel, que M. Amagat ne prononçait jamais sans un profond respect, intervint comme un encouragement et une espérance :

— Je pensais pouvoir lutter encore, Dieu ne le veut pas, mais je vous suivrai de *là-haut*. Vous avez, ajouta-t-il, beaucoup d'amis dans votre pays d'origine; vous vivez au milieu d'âmes saintes; demandez que l'on prie pour moi....

Et cette dernière pensée, ce testament politique, les voici, inscrits sur une carte de visite :

« *Je donne ma dernière pensée à la liberté de conscience, et mes derniers vœux à ceux qui souffrent pour elle.* »

Et quatre jours après, Dieu appelait à lui celui qui aurait voulu « lutter encore. »

O Dieu! vous êtes grand, vous êtes juste, vous êtes bon et miséricordieux!

Samedi, 5 juillet, à midi, au moment où M. Amagat rendait le dernier soupir, je recevais, sous le même pli, deux lettres de Mgr Freppel, l'une à mon adresse dans laquelle je lisais :

« Ce serait un véritable deuil que la perte d'un » homme aussi remarquable par le talent que par le » caractère. »

L'autre, pour être remise à M. Amagat.

« Laissez-moi espérer, disait l'illustre prélat, que votre
» constitution triomphera de ce mal passager. Nous y
» sommes grandement intéressés, car les services que
» vous avez déjà rendus au pays en font présager pour
» l'avenir de plus signalés encore.... Je prie Dieu de
» vous rendre une santé qui nous est si précieuse. »

Après ces détails et ces témoignages nous n'essaierons
pas de peindre la physionomie de M. Amagat, cette parole pénétrante et pénétrée, cet abord facile, ce regard
tour à tour doux, scrutateur; tantôt perdu dans l'espace,
tantôt réellement fascinateur; ce front où apparaissait
l'ombre d'une grande âme, le rayonnement d'une intelligence
supérieure?

Il n'en est nul besoin. Quiconque a approché le regretté
défunt s'est invinciblement senti attiré vers lui. Cet homme
excitait la sympathie. On l'aimait sans s'en rendre compte,
parce qu'il était à la fois une grande intelligence et un
grand cœur.

Esprit indépendant, mais esclave du culte de l'honneur et
de la dignité humaine, il ne put jamais se soumettre à
cette discipline étroite, inventée par des hommes qui ne
voulaient plus de roi, mais qui prétendaient l'être en
devenant nos maîtres.

Savant, il dédaignait ceux qui veulent remplacer toute
loi morale par les nécessités de la lutte pour l'existence,
règle de la vitalité bestiale.

Honnête homme par-dessus tout et désintéressé au point
d'être toujours dupe, il s'agitait en lui des bouillonnements
d'indignation et de colère au récit ou à la simple hypothèse
d'un acte de malhonnête cupidité.

Chrétien, il le fut naturellement avant de l'être d'une
manière surnaturelle, et dans le sens le plus élevé. Ce

titre explique la sainte passion avec laquelle, par la plume et par la parole, il sut énergiquement défendre la liberté catholique :

« Les temps héroïques ne sont plus, » disait un tribun célèbre, mais c'est une consolation pour nous de retrouver, dans les jours troublés où nous vivons, des âmes aussi bien trempées pour les combats de la liberté et de la foi.

Un dernier trait achèvera de faire connaître la droiture de cette belle intelligence.

Quand les idées religieuses avaient commencé à le préoccuper, bien avant qu'il songeât à une conversion pratique, l'ancien professeur de Montpellier voulut s'instruire du christianisme; mais au lieu d'aller chercher la vérité dans des livres de controverse ou dans des ouvrages savants et à la mode, il prit simplement comme un petit enfant, le catéchisme ordinaire du diocèse et s'imposa d'en lire un chapitre tous les jours.

La beauté lumineuse de ces réponses, qui allaient au-devant de toutes ses questions et qui réveillaient les meilleurs souvenirs de son enfance, le jetèrent dans le ravissement. Aussi, le moment de Dieu venu, n'eut-il aucune incertitude et aucune hésitation, marchant résolument dans sa nouvelle voie, convaincu et confiant en la miséricorde divine.

ANDRAL (Paul)

JURISCONSULTE, PRÉSIDENT DU CONSEIL D'ÉTAT, ADMINISTRATEUR.

(1828 — 1889)

> « Le pauvre et l'indigent béniront sa mémoire, car une parole utile et agréable est comme un rayon de miel. »

Paul Andral était le petit-fils de Royer-Collard. Son père, Gabriel Andral, docteur en médecine, fut membre de l'Académie des sciences et de l'Académie de médecine, praticien distingué, célèbre par l'étendue de ses connaissances médicales.

Paul Andral, naquit en 1828, pendant ces derniers jours de la Restauration, où son aïeul, devenu le chef du parti libéral, atteignit l'apogée de sa renommée, et voulut cependant se faire le premier maître de son petit-fils.

Ce fut un intérieur assez sévère que celui où le jeune Paul vécut d'abord sous les yeux de son aïeul. Tout y gardait les traditions héréditaires de la piété janséniste, dit M. de Broglie ; la mère, la grand'mère et une tante vivaient dans des habitudes de pratiques rigoureuses et de pieuses méditations ; le père était absorbé par les soins de sa profession médicale, où bientôt il se fit une si belle place. L'enfant fut longtemps la seule joie, le seul visage souriant, le seul rayon de soleil capable d'égayer la maison, et M. Royer-Collard, plein d'une affection plus que paternelle, se plut à lui donner les premières leçons.

Les progrès de cette éducation paraissent avoir été rapides, car, avant l'âge où l'élève entre d'ordinaire au collège, l'enfant savait lire Homère. Mais le maître ne se bornait pas à former son esprit :

— Ces succès, quelque flatteurs qu'ils soient pour ton amour-propre et le mien, lui disait-il, ne suffisent pas. Tu es d'âge à passer sous l'empire de la raison. En même temps que tu poursuivras avec ardeur tes études, applique-toi à te gouverner, ce sera de bonne heure entrer dans la science de la vie.

Grande et nécessaire leçon que plus d'un élève de nos collèges ferait sagement de mettre en pratique.

Puis viennent, d'un maître si expérimenté et si aimant, les conseils d'encouragement dont l'écolier a besoin en entrant au collège, dans les classes supérieures, où il rencontre un maître qui lui semblait sévère. Il fallait le relever et le soutenir : Royer-Collard n'y manque pas.

— Mon cher enfant, tu es et tu resteras, j'espère, de

ceux qui font plus de cas de bien faire que de faire beaucoup et vite. Ce que je craindrais par-dessus tout, ce serait le découragement. Rien n'est perdu quand on n'atteint pas ce mieux dont tu conserves l'idée, le goût et le besoin.... Avant tout, ne perds pas courage, et conserve la santé que tu as eu le bonheur de recouvrer.

Ces paroles sont bien de celui qui écrivait plus tard :

« Notre siècle a perdu deux choses : dans l'ordre intellectuel, l'attention ; dans l'ordre moral, le respect, » deux qualités précieuses qu'il sut infuser à son petit-fils.

Royer-Collard mourut à la veille même de la Révolution de 1848, et voulut recevoir les secours spirituels de l'Église en présence de Paul Andral seul. Il accomplit ses devoirs religieux avec un vif sentiment de piété, répondant lui-même à toutes les prières, ainsi que son petit-fils, auquel il donna sa bénédiction et légua comme un précieux testament ces dernières paroles :

— Soyez chrétien, ce n'est pas assez, soyez catholique. Il n'y a de solide dans le monde que les idées religieuses ; ne les abandonnez jamais, ou si vous en sortez, rentrez-y.

Les paroles du mourant et le spectacle de sa fin demeurèrent profondément gravés dans l'âme du jeune homme et contribuèrent à le maintenir dans la bonne voie toute sa vie. Mais privé de ce guide à son entrée dans la carrière publique, Paul Andral, en ce moment critique et souvent décisif, se trouva, comme toute sa génération, mis de suite à l'épreuve des agitations politiques de toute nature qui allaient suivre. Ceux qui purent l'observer alors ne tardèrent pas à remarquer le mélange original de la forte éducation morale reçue de son aïeul, et de ses autres qualités naturelles.

Le petit-fils de Royer-Collard se révéla tout à coup comme « un esprit pratique par instinct et par excellence, fait pour se mêler sans embarras et se démêler avec art dans la complexité d'une société agitée comme la nôtre, mais qui avait appris, dès l'enfance, à rester attaché à une constante fixité de principes, et à tendre toujours vers l'élévation des sentiments et des idées. Il fut ainsi dès le premier jour et devait rester toute sa vie un très habile homme, élevé par un moraliste sévère et restant généreusement fidèle à ses leçons. Ce fut à l'accomplissement du devoir qu'il consacra ainsi toutes ses ressources d'une intelligence variée, dont tant d'autres auraient pu user pour leur fortune ou leur ambition personnelle.... Droit et adroit, ce pouvait être, en deux mots, la définition de ce caractère remarquable (1). »

Après le coup d'État qui établit l'Empire en 1851, Paul Andral, ayant fait son droit comme un étudiant sérieux, eût pu se faire connaître des hommes politiques nouveaux, les flatter et parvenir promptement à une haute situation ; son nom, le passé de sa famille, ses talents, lui eussent créé un bel avenir, mais royaliste il était, royaliste il voulait être. Dans de tels sentiments, le barreau, cet asile de l'indépendance contre tous les genres d'oppression, demeurait la seule carrière qui lui fut ouverte. Il y entra, et, grâce à la précision et à la profondeur de son savoir, il se trouva à la tête d'un cabinet justement renommé. Secrétaire de Berryer qui l'avait pris en singulière estime, il se fit en même temps connaître au Palais, où il plaida avec distinction plusieurs causes importantes.

Mais ce fut principalement dans les causes politiques, si fréquentes dans la seconde partie de la période impériale, qu'il arriva bientôt à se faire une place distinguée parmi les maîtres alors si éminents de la parole, et l'on retrouve son nom dans les débats retentissants de cette époque à côté de ceux de Berryer, de Jules Favre, d'Odilon Barrot et de Dufaure.

(1) *M. de Broglie.*

Le caractère habituel de ces débats semblait fort restreint et de minime importance : il s'agissait presque toujours de déterminer et de défendre, en matière de presse ou d'association, la part de droits laissés à chaque citoyen par la Constitution de 1852, mais l'orateur savait élever ces questions et en tirer tous les avantages qu'elles pouvaient comporter. On verra par la péroraison qui suit que le souffle oratoire ne faisait pas défaut au jeune Andral pour porter son vol bien au-dessus du terre à terre. C'était au lendemain des concessions libérales encore si incomplètes faites par Napoléon III en 1860 :

« Messieurs, dit l'orateur, au cours de ce procès il s'est produit un grand fait dont il me sera permis de dire un mot.... Depuis près de dix ans, nos oreilles étaient attristées des sottes injures et des méprisables déclamations qu'on proférait, dans certaines régions, contre la liberté, contre la parole, contre la discussion, contre la lumière, contre tout ce qui fait la grandeur et la dignité de l'homme. On nous prêchait le sommeil, le silence, et, pour tout dire, en un mot, l'heureuse indifférence des brutes.

» Le souverain a confondu ses imprudents amis, il a relevé la tribune, grâces lui en soient rendues ! Non, la France n'était pas morte, comme le disaient les détracteurs de notre temps. Non, cette nation, qui a goûté avec tant d'amour les généreuses magnificences du gouvernement représentatif, n'a point perdu à jamais l'honneur et la vie morale ; j'en atteste la joie qu'a éveillée de toutes parts le décret du 24 novembre ; j'en atteste l'émotion qui, à ce moment même, agite le cœur de tous ceux qui m'écoutent, comme le mien, au souvenir du passé et à l'espérance de l'avenir.

» Sans doute, nous n'avons pas encore reconquis nos anciennes et chères institutions : la tribune est émancipée ou à peu près ; la presse, qui est la tribune de tous, n'est pas encore affranchie, mais elle le sera, parce que ses droits sont imprescriptibles. Car, Messieurs, la liberté peut bien sommeiller, mais tôt ou tard elle se réveille; quoi qu'on fasse, l'empire du monde lui appartient, et, ce qu'on ne nous a pas rendu, nous pouvons l'attendre avec une confiance qui ne sera pas trompée. Messieurs, en attendant ce développement pacifique et heureusement inévitable de nos libertés, attachons-nous à la loi, et, suivant l'expression d'un de nos vieux chanceliers, *fichons-nous au droit.* »

Quel beau souffle d'éloquence on sent passer dans ces paroles d'un orateur à ses débuts! Quand M. Andral se servait de cette puissance oratoire pour combattre l'arbitraire impérial, il n'aurait jamais supposé qu'il pût vivre assez pour voir renaître sur les ruines de l'Empire un despotisme plus humiliant pour la liberté individuelle et pour la France.

« Quand l'orateur disputait aux tracasseries d'un préfet de police la publication d'un journal, il n'aurait jamais pensé qu'il verrait un jour des citoyens inoffensifs expulsés de leur domicile, sans aucun mandat de justice et sans autre méfait que d'avoir porté un habit religieux; de modestes réunions de prières fermées par des exécutions armées et parfois sanglantes; des pères obligés, sous peine de prison, d'envoyer leurs enfants à des écoles dont l'enseignement blesse leurs croyances; de pauvres prêtres privés, par arrêté préfectoral, du morceau de pain qu'ils partageaient avec les indigents; en un mot, des droits bien plus sacrés qu'aucune liberté politique, ceux de la propriété, de la conscience et de la famille impunément violés.

» Ce qui l'aurait surpris davantage encore, ce sont les artifices inattendus employés par des jurisconsultes, soi-disant libéraux, pour légitimer et légaliser ces actes d'omnipotence, ces instruments de tyrannie exhumés de législations surannées. Je n'ai pas besoin de dire de quel œil

M. Andral, à toute époque de sa vie et dans quelque situation qu'il se trouvât, aurait toujours envisagé de tels oublis des principes élémentaires du droit et de la justice (1). »

Quand, sur la fin de l'Empire, les institutions parlementaires allaient renaître, M. Andral, par tradition de famille et par ses aptitudes morales, dut se croire appelé à y prendre part. Deux fois, en effet, il fut candidat aux élections du Corps législatif en 1869, et à l'Assemblée nationale en 1871, après la défaite de la Commune. Mais trop libéral pour l'Empire sur son déclin, il était déjà, deux ans après, trop conservateur et trop catholique pour la République naissante.

Trop libéral en 1869, le candidat échouait, et devenu, sans trop changer, conservateur en 1871, il échouait également, car, à cette dernière date, il fut combattu comme *clérical*, nom barbare inventé pour stigmatiser un catholique militant.

Qu'avaient donc, dès ce moment, à reprocher aux catholiques et au clergé les partisans du nouveau régime?

« La République de 1870 avait-elle déjà rencontré l'ombre d'une résistance ou d'une provocation? Étaient-ils ennemis du nouveau régime, ces valeureux brancardiers qui, revêtus de l'habit monastique, allaient relever les blessés sur le champ de bataille ou prodiguer les dernières consolations aux mourants? Était-ce contre la République que Charette avait levé le drapeau béni des zouaves pontificaux? Et la Commune elle-même, en clouant aux murs les Darboy, les Deguerry, les Captier, avait-elle essayé de justifier leur supplice en leur imputant un mot, un seul mot contre le pouvoir nouveau sorti cependant de l'émeute? Non, la situation était intacte : tout entière au soulagement et à la défense de la patrie, l'Église et ses représentants, sans insulter le[s]

(1) *M. de Broglie.*

grandeurs tombées, n'avaient ni donné publiquement un regret à l'Empire disparu, ni adressé un vœu à la Monarchie qui ne s'était pas encore rappelée au souvenir de la France. Il suffisait que la République eût réussi, dans le trouble général, à confondre sa cause avec la cause nationale, pour que personne (et le clergé moins que tout autre) n'eût cherché à dissiper ce malentendu…. Et cependant, dans les attaques dirigées contre le candidat, c'est bien moins le royaliste ou le réactionnaire qu'on attaquait dans M. Andral que le fils soumis de l'Église.

» Ainsi l'Église n'a pas encore fait un geste ou articulé une syllabe dont la République puisse prendre ombrage, qu'elle est déjà considérée comme la puissance hostile par excellence, la citadelle antirépublicaine qu'il faut emporter d'assaut (1). Le mot fameux : *Le cléricalisme voila l'ennemi*, est déjà le cri de guerre. Et l'on peut d'autant moins se méprendre sur cette éclosion subite d'un fanatisme irréligieux, que le candidat ainsi dénoncé est le petit-fils de l'orateur qui avait dénoncé, à la tribune, sous la Restauration, la loi du sacrilège et poursuivi avec plus de passion que de justice la Congrégation et les Jésuites, et qu'il n'avait rien fait pour démentir publiquement cette origine. Il n'était coupable que de vivre comme était mort son aïeul.

» Mesurez donc le chemin parcouru par les passions et par les idées, c'est le libéralisme de 1826 qui est devenu le cléricalisme de 1871 (2). »

M. Andral succomba dans la lutte, mais un emploi moins pénible pour son activité et son intelligence lui était réservé : celui de conseiller d'État, auquel il fut nommé bientôt. Il fut si parfaitement en son élément dans cette

(1) Ce qui prouve que le nouveau régime était l'œuvre de la franc-maçonnerie, œuvre impie et satanique, et que ses efforts, avant tout, étaient dirigés contre le catholicisme.

(2) *M. de Broglie.*

assemblée de juges et d'administrateurs, il en comprit si bien les importantes fonctions, que promptement il y acquit une situation si éminente que personne ne s'étonna, deux ans après, de le voir porté à la vice-présidence en remplacement de M. Odilon Barrot. C'était un jeune homme qui succédait à un vétéran octogénaire de nos assemblées.

Le jeune âge et la simplicité du nouveau président faisaient contraste avec l'âge avancé et les manières bruyantes de son prédécesseur.

« La fonction de vice-président prit un relief qu'elle avait été loin d'avoir jusque-là. A la fois jurisconsulte, administrateur et homme de gouvernement, intelligence rapide, esprit net, travailleur assidu, M. Andral avait su, dès le jour de son entrée au Conseil, en prendre le langage et le point de vue, tout en gardant de ses habitudes du barreau la faculté d'assouplir sa parole à toutes les questions.

Des qualités rares de chef de corps, son zèle à soutenir la dignité et les intérêts légitimes du Conseil d'État, l'assistance que les membres de tout grade trouvaient auprès de lui, et l'aménité de ses relations où son autorité se voilait, sans s'affaiblir, des formes de l'homme du monde, achevaient de faire de lui ce que les Anglais appellent *the right man in the right place* (1). »

Avocat et jurisconsulte remarquable, M. Andral montra dans ses hautes fonctions d'étonnantes qualités de magistrat et d'administrateur, dont se souviennent encore ses anciens collègues, par le caractère affectueux de ses conseils desquels ils sentaient tout le prix.

Mais les sentiments chrétiens et la supériorité même avec laquelle M. Andral dirigeait et dominait le Conseil d'État le désignaient d'avance pour être frappé le jour où les

(1) *Correspondant* (Mars 1880).

exaltés du nouveau régime allaient arriver au pouvoir. Des sectaires, incapables de respecter l'impartialité et l'indépendance de la magistrature inamovible, voulurent trouver dans le Conseil d'État un auxiliaire complaisant *pour rendre des services, non des arrêts.*

Le haut et noble caractère de M. Andral n'était pas fait pour subir une telle servitude ; aussi bien ne voulut-il pas attendre sa révocation. Il exerça sur lui-même l'épuration qui allait sévir sur ses plus distingués collègues.

« Sa haute capacité était si bien reconnue, dit M. de Broglie, qu'à peine était-il libre des fonctions publiques, que, parmi ceux qui figuraient à la tête du grand mouvement industriel et financier de la France, c'était à qui s'assurerait son concours. La présidence de la Compagnie d'Orléans ne tarda pas à lui être déférée. En l'acceptant, il croyait peut-être n'avoir plus à se consacrer qu'à de très légitimes et de très importants intérêts privés ; c'était, au contraire, pour lui, une nouvelle occasion d'un grand service public à rendre. »

Là, encore, M. Andral dut résister à l'omnipotence de l'État qui voulait déposséder la Compagnie d'Orléans pour agrandir le réseau de l'État. Un projet de loi fut déposé à la Chambre dans ce but, mais le président de la Compagnie d'Orléans, devant ce danger si menaçant pour les intérêts publics et qui dura plusieurs années, sut manœuvrer si habilement que le projet gouvernemental échoua complètement.

Dans les crises ministérielles, les ennemis politiques de M. Andral comme ses amis étaient heureux de le consulter pour l'acceptation ou le refus d'un ministère ou d'une autre fonction importante. Il ne se refusait à personne : petits et grands s'adressaient à cet esprit dont la subtilité ne fut jamais en défaut pour dénouer toutes les complications.

Quelques années après, nous retrouvons M. Andral retiré

de la vie publique, avec sa vieille expérience de jurisconsulte, de magistrat et de conseiller politique, tenant dans un petit pavillon de son manoir à Châteauvieux un véritable bureau de consultations, ouvert gratuitement, et où le plus humble paysan pouvait venir raconter ses embarras et chercher de précieux conseils.

« C'était, dit M. de Broglie, un patronage secourable, étendu sur toute la contrée, et qui rendait son nom aussi populaire que respecté. Les bienfaits répandus par sa famille, depuis de longues années, auraient suffi pour mériter une juste reconnaissance, car ni lui ni la noble compagne de sa vie n'en avaient interrompu la tradition. Mais de tous les dons dont on avait à le remercier, aucun n'était mieux apprécié que cette largesse libéralement faite de ses connaissances administratives et juridiques à tous ceux qui venaient frapper à sa porte.

» Aussi, quand la nouvelle de sa mort arriva, sans que rien y eût préparé, ce fut une douleur générale dans tout le pays.

» Les témoins de ses funérailles ne pouvaient parler sans émotions des regrets qu'ils avaient entendu exprimer de toute part, par une foule désolée pour ce *bon M. Paul*, comme on n'avait cessé de l'appeler depuis son enfance.

» Sur une page consacrée à son souvenir pour le recommander à la pieuse affection de ses amis, j'ai lu ces deux versets de l'Écriture : « Le pauvre et l'indigent béniront sa mémoire..., Une parole utile et agréable est comme un rayon de miel. »

Jamais texte sacré n'a reçu une plus juste application.

BATBIE (Anselme)

JURISCONSULTE, DE L'INSTITUT, MINISTRE, SÉNATEUR.

(1828 — 1887)

> « La science est un flambeau : elle accroît
> toutes les lumières et n'en éteint aucune. »
> (J. BERTRAND,
> de l'Académie des Sciences.)

Au mois de juin 1887, disparaissait de ce monde un de nos vétérans des luttes parlementaires, laissant la trace glorieuse de son nom et de son dévouement à la cause du droit et de la justice. Il est mort souriant, sans regrets, en chrétien, comme meurent ceux qui savent où la mort les conduit.

Anselme Batbie naquit dans le Gers, en 1828. Après de brillantes études, il fut nommé auditeur au Conseil d'État et reçu docteur en droit par la Faculté de Paris. Ayant obtenu au concours une place de professeur de jurisprudence, il fit successivement plusieurs cours à Paris et à Toulouse. En 1860, M. Batbie chargé par M. Rouland, ministre de l'instruction publique, de visiter les Universités étrangères, étudia leur organisation dans l'enseignement du droit public et administratif.

A son retour, l'Académie des sciences lui décernait le prix Faucher pour un mémoire sur la vie et les œuvres de Turgot, et celle des sciences morales et politiques le récompensait également pour un travail sur les institutions de crédit populaire. L'éminent jurisconsulte a publié plusieurs ouvrages de droit public et administratif, d'économie politique, et des articles de jurisprudence qui le placent au nombre des plus doctes au point de vue juridique. Aussi l'Institut de France ne put s'empêcher de l'admettre en son sein, après avoir plusieurs fois couronné ses savants écrits.

Nul n'était mieux préparé à la vie politique : aussi dès son entrée à la Chambre des députés, M. Batbie fut-il apprécié par ses collègues, qui le choisirent pour un de leurs chefs, le considérant comme extrêmement capable de rendre d'éminents services à la cause de la liberté religieuse.

Son talent oratoire était à la hauteur de sa science du droit, ce qui lui valut de magnifiques triomphes.

Ainsi, en 1881, quand M. Batbie prit la parole au Sénat pour défendre contre M. Jules Ferry l'intérêt des pères de famille et montrer la violation du droit dans l'expulsion des religieux, professeurs de nos collèges, l'éminent orateur put dire, sans être contredit, avec la haute autorité de son talent :

« Je ne parlerai pas des décrets du 29 mars, bien que je puisse le faire, car la question n'a été ni épuisée, ni jugée. Elle n'a été jugée au fond ni par les tribunaux, ni par le Conseil d'État, ni enfin par le tribunal des conflits, qui n'avait pas à juger le fond, mais seulement à se prononcer sur la compétence. »

Et malgré la forte opposition systématique que le ministère et la haine contre les cléricaux avaient formée à la Chambre haute, M. Batbie ayant déposé cet ordre du jour : *le Sénat, recommandant au gouvernement les droits de l'enseignement libre et la liberté des pères de famille, passe à l'ordre du jour*, M. Jules Ferry faillit être battu, cet ordre du jour n'ayant été voté qu'à dix-sept voix de majorité.

« Voilà une bien faible majorité, remarquait justement le *Moniteur universel*, pour un ministre qui se dit si sûr de rallier à lui l'opinion générale du pays. »

Le plus beau titre de M. Batbie à la reconnaissance des catholiques fut la présentation et le vote de la loi pour l'érection à Montmartre d'un monument au Sacré Cœur de

Jésus, pendant son passage au ministère. Le cardinal Guibert connaissait bien les dispositions de M. Batbie, lorsque, de concert avec H. Belcastel, il proposa de présenter cette motion, et qu'il en écrivit au ministre de l'instruction publique :

« Monsieur le Ministre,

» A l'heure la plus cruelle de nos désastres, de pieux laïques conçurent le dessein d'élever, au sein même de Paris, un temple destiné à affirmer l'inébranlable confiance de la patrie vaincue et mutilée dans la miséricorde infinie du Cœur de Notre Seigneur Jésus-Christ, et à couvrir de son ombre tutélaire notre grande capitale, où se concentre la vie entière de la France....

» Le moment est donc venu de choisir l'emplacement sur lequel l'église projetée va s'élever.... Je viens demander au gouvernement par votre intermédiaire, Monsieur le Ministre, de vouloir bien proposer à l'Assemblée nationale, un projet de loi qui a paru nécessaire pour que nous puissions atteindre complètement le but que nous avons en vue.

» .... C'est ce vœu, qui pourrait être réalisé par une loi, que j'ai l'honneur de vous prier de proposer à l'Assemblée nationale. Déjà, et je vous en remercie, *vous avez bien voulu accueillir cette pensée*, en ce qui vous concerne, lorsque j'ai pris la liberté de vous en entretenir. »

Grâce au concours donné par M. Batbie, le 23 juillet 1873, l'Assemblée nationale votait la loi suivante, désirée par tous les catholiques :

« Art. 1er. — Est déclarée d'utilité publique la construction d'une église projetée par l'archevêque de Paris sur la colline Montmartre, en un point à déterminer par l'archevêque, de concert avec le préfet de la Seine.

» Art. 2. — L'archevêque de Paris, tant en son nom qu'au nom de ses successeurs est autorisé à acquérir les terrains nécessaires à cette construction, soit à l'amiable, soit s'il y a lieu, par voie d'expropriation, à la charge par lui de payer le prix d'acquisition et tous les frais de

ANSELME BATBIE

construction, au moyen des souscriptions et offrandes mises ou à mettre à sa disposition.

» Art. 3. — Il sera procédé aux mesures prescrites par les titres II et suivants, de la loi du 3 mai 1841, aussitôt après la promulgation de la présente loi.

» Art. 4. — Le ministre de l'instruction publique et des cultes et le préfet de la Seine sont chargés, chacun en ce qui le concerne, de l'exécution de la présente loi. »

De généreuses paroles furent prononcées dans la discussion de cette loi, paroles de patriotisme et de foi, qui provoquèrent les applaudissements de l'Assemblée. Le blasphème aussi se fit entendre et l'on vit les partisans de l'impiété s'opposer à cette manifestation de la foi religieuse de nos députés ; mais les insultes ont provoqué des sentiments de réprobation qui ont honoré grandement la majorité des députés de la France et M. Batbie en particulier, qui avait dû lutter pour remporter cette victoire, et qui pourra dire plus tard :

« J'ai défendu ce projet au milieu des railleries des incrédules, je n'en étais pas ému. »

L'exécution de la loi était donc en bonnes mains et le ministre catholique ne pouvait faillir à sa tâche.

Les événements de la carrière publique de M. Batbie sont assez connus, mais ce qui l'est moins, ce sont les sentiments intimes qui ont toujours dirigé ce grand chrétien. Les détails suivants publiés dans la *Semaine religieuse* d'Auch en 1887, nous le révèlent sous un autre point de vue :

M. Batbie était demeuré fidèle à la foi de sa première jeunesse. Il en acceptait et admirait tous les enseignements. Les emprunts de livres, qu'il faisait chaque année, à la modeste bibliothèque de son curé prouvaient surabondamment qu'il a toujours voulu se tenir au courant des développements du dogme chrétien.

Il lut, avec une prédilection particulière, pendant le carême dernier, les conférences du P. Monsabré sur le mariage chrétien : il en admira la clarté et la force doctrinale. On les a retrouvées sur son bureau ; sans doute qu'il voulait les relire encore, et peut-être revenir, en compagnie d'un auteur si autorisé, sur une question dont il s'est beaucoup occupé.

Il nous dit, à ce propos, qu'il avait publié dans le temps, un travail dont la doctrine fut trouvée peu orthodoxe.

« — On me le fit bien sentir, ajouta-t-il avec tristesse, j'y fus d'autant plus sensible que l'article où j'étais le plus mal traité émanait d'un ami, qui ne pouvait ignorer combien j'étais disposé à reconnaître (comme je l'ai fait du reste) que je m'étais trompé. Je ne vois pas ce qu'on peut espérer d'une polémique acerbe qui ne donne aucune force à la vérité, et qui peut éloigner davantage un adversaire que l'on devrait essayer de ramener.

Du prône de son curé et des autres instructions religieuses qu'il pouvait entendre pendant les vacances, il ne parla jamais qu'avec un profond respect pour la parole divine et une excessive indulgence pour l'orateur sacré. Ce respect, il le rappelait vivement à ceux qui, autour de lui, avaient l'imprudence de formuler une critique.

Il s'est souvent dérangé pour assister à des réunions sacerdotales où il était invité ; dans une de ces réunions, il déclara qu'il regardait comme le plus grand honneur de sa vie et comme un véritable bonheur d'avoir été amené à défendre la cause de la religion.

Il admirait la vie religieuse sous toutes ses faces, et à quelqu'un qui semblait apprécier peu l'utilité des Carmélites, il répondit :

— C'est une des formes du dévouement chrétien, et non pas la moins méritoire, ni la moins utile..... Le christianisme, c'est l'expiation, la réparation, la prière.... Ces sortes de religieuses expient, réparent et prient pour ceux qui ne le font pas.

A toute occasion, M. Batbie manifestait hautement la douleur profonde que lui causaient la suppression des bourses des séminaires et le projet de loi en discussion qui assujettit les séminaristes au service militaire. A propos de ce dernier projet, qu'on nous permette de raconter une conversation de M. Batbie dans les couloirs du Sénat avec un général, son collègue. Ce général nullement sectaire, avait accepté sans examen, l'étrange raisonnement qui veut que la vraie vocation se fortifie en passant par la caserne : il le disait à M. Batbie. Celui ci ne croyant pas devoir lui répondre directement, demanda au général des nouvelles de sa fille Angélique, enfant de dix-neuf ans, l'idole de son père. Puis tout à coup :

» — Ne craignez-vous point, général, dit-il, que votre fille, n'étant jamais sortie de la douce et vivifiante atmosphère de la famille, ne soit qu'imparfaitement préparée aux impressions d'un monde mauvais qu'elle n'aura jamais connu?... Je n'ai pas de conseil à vous donner; mais il me semble que sa vertu ne pourrait que gagner et se fortifier sur le théâtre et les plaisirs de la vie parisienne.

Le général lui serra la main en souriant, et dit :

— J'ai compris, je suis des vôtres; pas de séminaristes à la caserne.

Le moment où le vaillant champion de l'Église allait quitter ce monde n'était pas loin. Le 8 avril 1887, le Vendredi Saint, on crut et M. Batbie lui-même crut qu'il allait mourir. Il fit appeler son ami, M. Gardey, curé de Sainte-Clotilde, eut avec lui un long entretien, reçut le sacrement de Pénitence avec la foi la plus vive; puis, s'étant recueilli quelques instants, il dit au prêtre :

— J'ai été élevé dans la foi chrétienne. C'était la foi de ma sainte mère. Je ne veux pas me séparer d'elle, surtout en cette circonstance. Laissez-moi vous exprimer un désir.

» J'ai fait voter, étant ministre, une loi relative à la

basilique de Montmartre. J'en ai défendu le projet au milieu des railleries des incrédules (je n'en étais pas ému), et aussi, il faut le dire, de quelques-uns de mes amis.

» Mais j'ai été soutenu par la pensée que Jésus-Christ, Dieu et homme, qui avait manifesté sa divinité par sa puissance et son intelligence, l'avait manifestée davantage encore par sa bonté, et qu'à ce titre il méritait d'être honoré d'un culte particulier. S'il venait à la pensée de quelque âme pieuse de faire déposer mon cœur dans la chapelle la plus modeste de la Basilique, mon vœu le plus cher se trouverait réalisé. »

Aussitôt le départ du prêtre, le vénéré malade dit à sa sœur, d'une voix qui tremblait d'émotion :

— Vous qui êtes pieuse, vous devez comprendre que, pour accomplir les devoirs si graves du chrétien, je n'ai point voulu attendre jusqu'au dernier moment où l'intelligence peut être troublée, la volonté paralysée. Aussi je vous annonce que, sur ma demande, M. le curé m'apportera demain le Saint Viatique. »

Voilà comment cet homme éminent comprenait ses devoirs de chrétien et édifiait tous ceux qui l'entouraient.

Le lendemain, en effet, il recevait le Dieu de l'Eucharistie avec la piété d'un petit enfant et la joie d'une âme qui en comprend tout le prix. L'Archevêque de Paris étant venu le visiter, il trouva la force de lui parler de son admiration pour le zèle du cardinal Guibert qui l'avait puissamment aidé dans le vote de la loi pour le Sacré-Cœur, puis il fit dévotement le signe de la croix sous la main bénissante du pontife.

Le soir, M. Batbie recommandait son âme à Dieu lorsqu'il s'éteignit doucement, sans agonie, presque sans effort.

Les intérêts de l'Église et de la France avaient perdu ici-bas un courageux défenseur.

DEPEYRE (Octave)

DÉPUTÉ, MINISTRE, SÉNATEUR.

(1825 — 1891)

> « Mes vingt ans bondirent de joie en voyant
> l'occasion de pouvoir affirmer bien haut tout ce
> que je croyais et tout ce que j'espérais. »
>
> (O. Depeyre.)

En 1891, la France perdait en M. Octave Depeyre un éloquent défenseur de la vérité et de la justice. Nourri dès sa jeunesse des fortes et saines doctrines du vieux barreau français, cet avocat célèbre n'a jamais séparé le culte de la liberté du respect du droit, et il pouvait, avec une légitime fierté, dans les dernières années de sa glorieuse carrière, se faire un juste honneur de sa fidélité aux vieilles traditions françaises.

Né à Cahors le 15 octobre 1825, *Octave Depeyre*, son droit terminé, se fit inscrire au barreau de Toulouse où ses débuts furent brillants.

Sa réputation ne franchit toutefois les limites de sa province que lorsqu'il défendit, devant le tribunal, les étudiants compromis dans les troubles de l'École de droit de Toulouse. Il fut un des rédacteurs les plus distingués du journal la *Gazette du Languedoc*.

En 1869, s'étant présenté aux élections du Corps législatif comme candidat de l'opposition libérale, il échoua, et ce n'est que deux ans après qu'il entra dans le Parlement et que commença sa carrière politique.

Élu à l'Assemblée de Bordeaux en 1871, il put, dès les premières séances parlementaires faire apprécier son activité, son intelligence et son remarquable talent de parole. La part qu'il prit ensuite à la discussion du traité avec l'Allemagne, et surtout le grand discours qu'il prononça au sujet de la loi sur l'Internationale et qui ne

remplit pas moins de deux séances, achevèrent de le classer
parmi les orateurs de l'Assemblée et le désignèrent à ses
collègues de droite, qui l'élurent plusieurs fois comme
président de leur groupe. M. Depeyre fit partie de la

Octave DEPEYRE

fameuse députation qui vint apporter à M. Thiers l'*ulti-
matum* de la majorité, et ne cessa jamais de se montrer
au premier rang des adversaires les plus acharnés de la
politique de cet homme d'État.

En même temps, il savait donner la mesure de son

caractère en défendant, au point de vue juridique, devant
le Parlement, lui victime de l'Empire, les droits du prince
Napoléon, expulsé arbitrairement du territoire par M. Thiers,
qui faillit tomber sur cette question.

En défendant ce membre d'une famille qui l'avait persécuté, M. Dépeyre avait bien le droit de défendre le
descendant de nos rois, auquel tout son dévouement était
acquis. Un jour, il parlait à Bordeaux, à M. Thiers, de
la haute raison, de l'intelligence de M. le comte de Chambord :

— Je n'ai pas besoin, répondit le politique, assuré de
son propre génie, je n'ai pas besoin d'un roi intelligent.

Ce qui voulait dire qu'il n'avait besoin que de lui-
même. Aussi ajoutait-il :

— Donnez-moi quatre ans, et je vous rendrai la France
en bon état. *Verba, non res.*

A cette politique d'expédient, un roi intelligent était
inutile, en effet, il suffit d'un roi automate. M. Depeyre
avait bien compris les intentions du président d'une république provisoire : aussi accepta-t-il de contrebalancer l'influence néfaste de Thiers, prenant fréquemment la parole dans
les questions les plus importantes, et acceptant d'être rapporteur ou président de diverses Commissions. C'est dans le
même but qu'il fut l'auteur du projet de loi prorogeant
les pouvoirs du maréchal de Mac-Mahon, pour sept années,
adopté le 20 novembre 1873, époque à laquelle le président de la République lui confiait le ministère de la justice. Son passage aux affaires fut signalé par diverses
mesures empreintes de l'esprit d'équité qui le caractérisait.

En 1875, M. Depeyre, porté sur la liste de droite aux
élections, acceptait un siège inamovible au Sénat, mais il
échoua, et ne fut élu qu'au second tour de scrutin, sur la
liste du maréchal Canrobert, par les électeurs du Lot, son
pays natal. N'ayant pas été réélu aux élections de 1879,

l'ancien sénateur se consacra exclusivement à la défense des intérêts de la religion et de la monarchie, et il fit notamment à Paris, contre la persécution religieuse, une série de conférences très remarquées.

Lorsqu'en 1884 sa voix s'élevait dans l'assemblée des catholiques pour flétrir les Décrets de mars et défendre les congrégations spoliées, il lui était permis de rappeler que, trente-huit ans auparavant, en 1846, il consacrait déjà sa thèse de licence à la réfutation des théories arbitraires que le despotisme de l'Empire et la Révolution ont tour à tour professées et mises en pratique, surtout de nos jours.

En 1888, devant un auditoire nombreux accouru de divers départements à Tours, il prononçait un remarquable discours dans lequel il faisait le procès du régime d'alors. Sa parole, colorée et vibrante, soulevait, comme autrefois, des acclamations enthousiastes quand il s'écriait :

— Voulez-vous me permettre un souvenir de ma jeunesse? C'était au lendemain de 1848, je venais d'arriver au barreau de Toulouse. Un journaliste du Midi s'était permis de terminer un article par ces mots : Vive le Roi! Il fut déféré à la Cour d'assises. Mes vingt ans bondirent de joie en voyant l'occasion qui m'était offerte de pouvoir affirmer bien haut tout ce que je croyais et ce que j'espérais. Et nous allâmes en Cour d'assises, et il fut acquitté. Il y a quarante ans de cela, Messieurs; je me retrouve aujourd'hui le serviteur de la même cause, le soldat du même drapeau.

Cette fidélité aux convictions politiques et religieuses est devenue bien rare dans la vie des hommes de notre époque.

DUPANLOUP (Mgr)

ÉVÊQUE, DE L'ACADÉMIE, DÉPUTÉ, SÉNATEUR.

(1802 — 1878)

> « De Falloux, ministre, et Thiers défendant
> le Pape dans un mémorable rapport, furent
> l'œuvre de l'abbé Dupanloup. »
>
> (A. de MELUN.)

Le nom de cet illustre prélat est mêlé à tous les grands événements de ce siècle, et sa biographie est une des pages les plus mouvementées de l'histoire contemporaine.

Né en Savoie, d'une famille pauvre, il fut amené tout jeune enfant par sa mère à Paris. Admis au catéchisme de Saint-Sulpice et parmi les petits clercs de la communauté, il fit rapidement ses études, et, à dix-sept ans, il quittait le petit séminaire de Saint-Nicolas. Sa mère ne pouvant lui offrir un asile pour les vacances, la Providence y pourvut, et ses professeurs le mirent en relation avec de nobles et généreuses familles. Admis chez l'abbé, duc de Rohan, le jeune Dupanloup y fit la rencontre de Montalembert et d'autres jeunes gens qui devaient fournir une carrière brillante. Déjà à Saint-Sulpice il avait été le condisciple de Ravignan et de Lacordaire.

Paris peut, à bon droit, revendiquer la première partie de l'existence du prélat.

C'est là que, tout jeune prêtre, l'abbé Dupanloup se faisait remarquer dans ce groupe d'ecclésiastiques distingués que Mgr de Quélen avait chargés de renouer la tradition de l'enseignement catéchistique. Bientôt le brillant catéchiste passait du rang des disciples au rang des maîtres et révélait la merveilleuse aptitude qu'il avait reçue du Ciel pour la formation des esprits et des cœurs.

A son début, les catéchismes comprenaient à peine quatre-vingts enfants ; quand il en quitta la direction en 1834, quatorze cents jeunes gens des deux sexes suivaient les cours d'instruction faits par huit prêtres, dont il était le chef. Dans le même temps, les premières chaires de Paris commençaient à retentir de sa parole ardente et persuasive qui ne devait plus cesser de se faire entendre pour la défense de toutes les nobles et saintes causes pendant plus d'un demi-siècle. Des rois et des princes allaient lui confier l'instruction religieuse de leurs enfants, et, à vingt-sept ans, l'abbé Dupanloup refusait le secrétariat général des affaires ecclésiastiques au ministère.

Appelé à la direction du Petit Séminaire de Saint-Nicolas, dont peu d'années auparavant il était l'élève, on le vit aussi zélé, aussi habile à cultiver les intelligences par les lettres humaines que les âmes par la piété : le nouveau supérieur inspirait à ses élèves l'enthousiasme pour tout ce qui est grand et beau, justifiant à l'avance par le succès de sa direction les règles qu'il devait tracer plus tard dans un ouvrage didactique qui restera comme le guide des maîtres de la jeunesse. Aimé et craint de ses élèves, le Supérieur avait acquis assez d'ascendant sur eux pour supprimer les punitions dès la fin de la première année. Et cependant il ne les flattait pas outre mesure : un trait en fera juger, rapporte M. J. Morey. A son entrée dans la maison, il avait fait des compositions générales pour juger du niveau des études et donna lui-même les places, en commençant par la classe de seconde.

— On oublie la rhétorique, murmure un élève.

— Non, mon ami, répond le justicier, je n'oublie rien, il n'y aura pas de rhétorique cette année, vous redoublerez tous.

Le nouveau programme des études à Saint-Nicolas fut couronné d'un plein succès; les élèves pouvaient soutenir la comparaison avec les collèges de Paris les plus en vogue, et M. Renan, alors étudiant en ce séminaire, avouait, depuis, dans la *Revue des Deux-Mondes*, que les études y étaient « très distinguées et très littéraires. »

Le vénéré Supérieur se montrait sévère pour la lâcheté et le mensonge.

Un jour, ayant permis à un élève de grande famille d'assister au mariage de sa sœur, il ne le vit point rentrer selon sa promesse pour la classe du soir. A son retour, le jeune homme fut renvoyé de la maison, bien qu'il demandât sa grâce.

— Si c'eût été le fils d'un paysan, dit l'abbé Dupanloup, je me serais peut-être laissé fléchir, mais pour le fils d'un gentilhomme, c'est trop fort.

C'est à cette époque que Mgr Affre, appréciant les mérites du Supérieur de Saint-Nicolas, l'attacha plus étroitement au diocèse de Paris en le nommant chanoine d'honneur, et en l'associant, à titre de vicaire général, à son administration épiscopale.

Dans cette position tranquille, la prédication et la conduite des âmes furent pour l'abbé Dupanloup sa seule occupation. En même temps, il donnait ses soins, à Paris, à l'élite des résidents russes et anglais dont plusieurs furent convertis par ses enseignements.

Émule de Lacordaire et de Ravignan, il se distinguait par son éloquence. Après un voyage à Rome, où Pie IX qui venait d'être élu l'avait reçu avec honneur et affection, de retour en France, l'abbé Dupanloup ayant pris connaissance du projet de loi sur l'enseignement rédigé par le ministre, M. de Salvandy, et constatant qu'il ne donnait pas la liberté réclamée depuis longtemps, en fit une critique irréfutable, au dire de la presse du temps. Il démontrait notamment que cette loi tendait à l'anéantissement des écoles de plein exercice et des Petits Séminaires.

D'accord avec Montalembert, il acheta l'*Ami de la Religion*, et enfermé dans sa petite chambre, près de Notre-Dame, il y traita toutes les questions alors débattues dans la presse.

Toute l'Europe a lu ses articles remarquables sur la souveraineté pontificale, qui furent décisifs pour amener l'intervention française contre la révolution italienne.

Craignant pour la cause de l'ordre et de la religion les divisions qui existaient entre les amis de la liberté ou de l'Église, il réussit à concilier M. de Falloux avec Montalembert. Grâce à son influence, Thiers et Cousin devaient abandonner leurs errements passés et mener à bonne fin la question de la liberté de l'enseignement.

Mais, ici, entrons dans les détails de cette lutte mémorable.

Tout le monde avait applaudi à l'entrée dans la Commission de M. l'abbé Dupanloup dont on savait le talent et l'expérience pratique dans l'éducation. Aussi s'établit-il un silence de sympathie et de curiosité, lorsque prenant la parole, il exposa et le droit de l'Église à enseigner, et le droit des pères de famille à choisir les instituteurs de leurs enfants, et l'intérêt de la société à faire pénétrer dans l'esprit de la jeunesse les doctrines tutélaires introduites dans le monde par le christianisme.

Dès les premières phrases, M. Thiers, habituellement peu intéressé par les discours des autres, était devenu attentif. Son attention redoubla visiblement à mesure que M. l'abbé Dupanloup entrait plus avant dans sa démonstration. M. Thiers se montra le plus charmé de tous. A partir de ce jour, M. l'abbé Dupanloup conquit sur le président de la Commission un ascendant vainqueur.

C'était à lui que M. Thiers paraissait adresser ses discours; c'était dans ces yeux qu'il en cherchait l'effet; c'était son opinion qu'il désirait connaître, c'était son adhésion qu'il voulait conquérir. L'homme d'Église avait fasciné l'homme d'État (1).

(1) M. de Melun.

L'abbé Dupanloup eut le grand honneur, dit M. Poujoulat, de porter la vérité devant cette Commission, et ce
souvenir est une des meilleures pages de sa vie. Il posa
les conditions de la paix entre l'Église et la France et les
puissants adversaires qu'il avait devant lui. Il réclamait
la suppression des certificats d'études exigés pour se présenter aux grades, l'admission des congrégations religieuses
approuvées par l'Église, le droit pour les Petits Séminaires,
de ne recevoir d'autres directions que celle des évêques, ce
qui n'excluait pas la surveillance de l'État. Amené à parler
des Jésuites, il invoqua l'histoire, précisa les faits, mit les
adversaires de la Société de Jésus au défi d'articuler rien de
positif contre les Jésuites, et ajouta que l'Église étant elle-
même la justice, ne pouvait pas, comme Pilate, livrer l'innocence et puis s'en laver les mains.

Le jour où arriva la discussion de l'article permettant à
tout Français, et conséquemment aux Jésuites, de tenir
école et d'enseigner, Thiers, avant toute discussion, avait
déclaré nettement qu'il était impossible d'accorder un tel
droit à un institut frappé d'une réprobation presque universelle:

— Monsieur le président, reprit l'abbé Dupanloup, la
question n'est pas de savoir si les Jésuites ont pour eux le
nombre et l'opinion mais la justice et la vérité.

— Au sortir du ministère, dit M. de Melun, je suivis
M. Thiers, qui s'en retournait à pied, et pendant tout le par-
cours, je l'entendais qui parlait seul, disant en branlant la tête :

« — La justice!.. la vérité!.. ce serait peut-être possible?
Nous verrons cela demain. »

Le lendemain, M. Dupanloup prit le premier la parole,
et dans un discours nourri de faits et de bonnes raisons, il
rappela énergiquement les immenses services rendus par les
Jésuites en France et dans le monde entier, leur science,
leur dévouement, leur expérience supérieure, particulièrement dans l'éducation. Après quoi, il demanda si c'était bien

aujourd'hui, dans un temps où la société avait besoin de rallier toutes ses forces vives pour résister à l'ennemi, qu'il était opportun de priver le pays d'hommes si éclairés, si dévoués, si courageux, et de leur refuser, au nom de la liberté, le droit de se consacrer à instruire les esprits et à élever les âmes.

Personne n'essaya de répondre, pas même M. Thiers qui se contenta de dire :

— Soit, je ne m'oppose plus à l'article, mais je demande que le jour où il sera discuté devant l'Assemblée, vous me laissiez me cacher sous une table; car comment voulez-vous que j'aille défendre ces mêmes Jésuites dont naguère j'ai demandé et obtenu l'expulsion.

M. Thiers venait de se trouver face à face avec la vérité; il l'avait promptement reconnu et lui-même s'en constitua le défenseur : la cause était gagnée.

Les catholiques rencontrèrent dans M. Thiers un de ces alliés avec lesquels on est fier de vaincre, et cet allié puissant était dû à M. l'abbé Dupanloup.

« Assidu pendant trois mois, écrit M. Poujoulat, à toutes les séances de la commission, (et son exactitude faisait partie de sa puissance), cet éminent allié dévoua les ressources d'une riche intelligence à soutenir de point en point ce que l'on attaquait. Un jour que M. Cousin, le bouillant champion d'une organisation menacée, donnait à sa plainte un accent trop expressif, M. Thiers laissa tomber ce mot :

— La société vaut bien l'Université (1).

» Il fut actif, persévérant, et jusqu'au bout fidèle. »

Cette loi qui laissait à l'Université la fixation des programmes, la collation des grades, la présidence du conseil, était-elle une loi d'égalité et de sûre liberté? Non, sans doute. L'abbé Dupanloup lui-même ne disait-il pas :

______

(1) Parole qui serait d'or aujourd'hui plus qu'autrefois, si elle tombait de la bouche d'un représentant du Pouvoir.

— Ce n'est pas tout ce que nous pouvions désirer, ni tout ce que nous avions demandé ; c'est tout ce que les temps permettaient (1) !

C'était une loi de transaction que celle du 15 mars 1850, mais une loi de salut, dont les résultats ont été favorables, en grande partie, à la bonne cause.

Cette conquête de M. Thiers au profit de la liberté du bien fut l'ouvrage de M. Dupanloup, nous aimons à le redire à sa gloire ; M. Thiers est mort, ayant pour amis ceux qu'il combattit à la tribune en 1849. Mgr Dupanloup s'était épris, depuis cette date, d'une véritable affection pour M. Thiers ; il avait mis en lui une confiance, qui en dernier lieu, a été absolument trompée. Il n'en est pas moins vrai, que selon la parole de Jules Morey :

— Falloux, ministre, et Thiers, défendant le Pape dans un mémorable rapport, furent l'œuvre de l'abbé Dupanloup (2).

Tant de soins et de travaux n'absorbaient pas tellement ce prêtre éminent qu'il ne portât déjà sur les événements extérieurs et sur les intérêts généraux de la religion ce regard plein de sollicitude qui faisait pressentir en lui un grand défenseur de l'Église. Aussi sa promotion à l'épiscopat était-elle attendue par les catholiques et les représentants de la liberté.

Déjà M. Thiers avait dit à M. Cousin :

— Il faut que cet homme soit évêque.

— Ne l'éloignez pas de Paris, répondait le comte Molé, il y est trop utile, et sa place y est marquée.

M. de Falloux, alors ministre, lui avait offert le siège d'Orléans, devenu vacant, mais malgré l'invitation de ses meilleurs amis et du P. de Ravignan en particulier, le chanoine de Paris refusa net. L'ambition n'était pas le fond de

(1) Mgr Pie lui-même rendait justice aux législateurs devant ses prêtres réunis à la retraite pastorale l'année suivante. (*V. plus loin sa biographie.*)

(2) Illustrations du XIXᵉ siècle.

son caractère. Simple soldat du Christ, il voulait combattre au premier rang et demeurer simple prêtre, journaliste, orateur, polémiste, se souciant peu de ces dignités qui seraient pour lui un embarras dans la mêlée. Devant cette résistance, on eut recours à une plus haute intervention, et le cardinal Giraud, archevêque de Cambrai, ayant fait appel à son dévouement pour l'Église et le Pape, réussit enfin à vaincre les répugnances de l'abbé Dupanloup. Le nouvel évêque fut sacré à Paris au mois de décembre 1849. Cette promotion du chanoine Dupanloup à l'épiscopat reçut l'approbation de tous les catholiques éminents et les applaudissements de tous ceux qui s'intéressaient à la cause de l'ordre et de la religion en France.

L'évêque d'Orléans employa de suite toute son intelligence et son activité à tout voir, à tout visiter dans son diocèse. A ceux qui en paraissaient surpris, il disait :

— Que voulez-vous! évêque signifie intendant, surveillant : je dois tout voir afin de tout connaître.

Visites pastorales, retraites, prédications, mandements et prescriptions de toutes sortes, furent multipliées pendant près de trente années d'épiscopat pour faire du clergé d'Orléans un clergé modèle, et de ce diocèse le premier diocèse de France. Le niveau d'études dans les Petits Séminaires s'éleva à un tel point qu'on put représenter dans la langue grecque es tragédies de Sophocle, d'Eschyle et d'Euripide. Les savants de l'Université applaudirent à ce succès.

En même temps, Mgr Dupanloup avait à combattre le système de M. Fortoul, ministre de l'Instruction publique, qui consistait à faire prédominer les sciences sur les lettres dans l'enseignement secondaire et supérieur, et M. l'abbé Gaume qui, pour sauver la société chrétienne voulait bannir des études les classiques païens.

Au premier, il répondit que sa manière tendait à la ruine des lettres, et que les humanités étaient seules capables de former des lettrés; au second, il prouva que sa thèse était trop absolue, que les classiques païens, convenablement expurgés, ne pouvaient pas plus perdre la jeunesse, qu'ils n'avaient perdu saint Paul, les Pères de l'Église, saint Thomas, et les nombreux savants et les saints de la Renaissance.

Le rôle de Mgr Dupanloup dans cette affaire des classiques et ses autres mérites littéraires avaient fixé l'attention des académiciens français qui lui donnèrent le fauteuil vacant par la mort du voltairien Tissot. Le sujet du discours de réception du nouvel immortel fut celui-ci : *Alliance de la religion et des lettres.*

Cependant ces dignités ne détournaient point le zèle du prélat du soin des pauvres et des ouvriers. Pour ces derniers, il ouvrit les bâtiments de l'évêché, et chaque jour on voyait des paysans, et les travailleurs de la ville et des alentours venir s'y récréer une partie de la soirée, surtout pendant l'hiver, heureux de retrouver là leur évêque se mêlant familièrement à leurs conversations et à leurs jeux. Ces réunions avaient fait la popularité de l'évêque d'Orléans dans les classes inférieures comme chez les classes riches et chrétiennes, qui comprenaient bien la nécessité d'attirer le peuple vers ses chefs spirituels pour les faire aimer.

Ce même esprit de zèle porta l'évêque d'Orléans à établir des congrégations religieuses pour l'instruction des enfants, le soin des pauvres, des malades, des repenties et pour le soulagement de toutes les misères humaines.

Ces soins extérieurs ne nuisaient pas aux travaux intellectuels.

Dès 1850, avaient commencé de paraître les trois volumes de son grand ouvrage : *De l'éducation.* Plaçant Dieu à la base de tout enseignement littéraire ou scientifique, l'auteur trace les devoirs des parents, des institutions à tous les degrés. Il attaque la neutralité dans l'enseignement de la morale et de la religion, dont nous voyons, de nos jours, les si désolants résultats, et signale l'indifférence religieuse des parents comme un crime :

« Vous avez beau me dire, écrivait-il, que vous respectez silencieusement l'âge et les croyances de ces enfants, je vous l'accorde.... Vous vous taisez! Eh bien, je dis que cela est

MONSEIGNEUR DUPANLOUP

encore affreux et que ce silence de tout ce qui les entoure pendant cet acte sublime (la communion pascale), et dans cette grande journée de Pâques, est pour eux un mystère effrayant. Quoi! dans un tel jour et lorsqu'ils viennent recevoir leur Dieu, il faut qu'ils comprennent que cette communion est bonne pour eux et ne l'est pas pour vous? Vous n'avez jamais, pas même ce jour-là, une pensée religieuse à exprimer devant eux, pas un mouvement de sympathie entre votre âme et les leurs !

« Je le répète, ce silence est un mystère effrayant et absolument inexplicable pour ces pauvres enfants, jusqu'au jour, où ils se l'expliquent enfin, et déchirent brusquement le voile.

« C'est à quatorze ou quinze ans que ce jour arrive : c'est alors que la réflexion leur donne le mot de cette affreuse énigme, et que votre exemple qu'ils ont compris déracine dans leur âme toute foi en Dieu et tout respect pour vous. C'est alors qu'ils s'aperçoivent qu'on leur a joué une longue comédie et *qu'on se moquait d'eux*. C'est alors qu'ils se disent à eux-mêmes et aux autres : mais nos maîtres ne croient donc pas un mot de ce qu'on nous enseigne. Il n'y a donc de la religion en ce monde que pour les enfants au collège, et hors du collège que pour le peuple et les femmes ! »

De douleureux combats attendaient le vaillant évêque sous le second Empire.

C'était en 1859 : Napoléon III, poussé par les sociétés secrètes, déclarait la guerre à l'Autriche, sous prétexte d'affranchir l'Italie. L'Empereur essaya bien de rassurer les catholiques :

— Nous n'allons pas en Italie, disait son ministre, pour fomenter le désordre ni pour ébranler le pouvoir du Saint Père que nous avons replacer sur son trône, mais pour le soustraire à cette pression étrangère qui s'appesantit sur toute la Péninsule.

Néanmoins les esprits clairvoyants ne s'y trompèrent point et l'évêque d'Orléans moins que tout autre.

La police impériale était chargée de faire taire les prédicateurs et les journalistes tentés d'éclairer l'opinion sur les résultats de la guerre. Malgré ces menaces, on vit le courage et l'élan partout où le servilisme n'enchaînait point les âmes.

Nos évêques furent debout pour condamner ces coupables projets, et, au premier rang se montrait l'évêque d'Orléans.

C'est alors qu'il écrivit son livre de la *Souveraineté Pontificale*, où il montrait dans les actes du roi d'Italie, appuyé sur la révolution, la volonté de dépouiller l'Église à son profit, et de réduire le Pape au rôle de sujet; il terminait par ces paroles :

« Je proteste dans ma conscience et devant Dieu, à la face de mon pays et à la face du monde; que ma protestation trouve ou non de l'écho, je remplis un devoir. »

Ce cri du courageux défenseur de l'Église eût de l'écho jusqu'à l'extrémité de la terre, et les catholiques de l'univers entier apprirent à l'avance le crime qui allait être commis, car réimprimée plusieurs fois en peu de jours et reproduite dans les principales langues, cette brochure fit le tour du monde en six semaines. Accueillie avec transport par les bons, elle fut poursuivie avec fureur par les révolutionnaires déguisés ou publics, grands et petits.

— L'Empereur, dit M. Morey, voyant ses intentions devinées, publia ou fit publier une brochure qui prétendait dicter au Pape et au Congrès Européen la conduite à tenir. Le Vatican et ses jardins, voilà tout ce qu'on voulait laisser au successeur de saint Pierre. La brochure arriva la veille de Noël à Orléans. Le 25, au soir, une réponse écrasante lui était faite et paraissait le lendemain dans les grands journaux. Le Congrès avortait et l'Empereur était obligé de se montrer. Cinq jours plus tard, il demandait au Pape de céder une partie de ses États à la Révolution. »

L'évêque d'Orléans avait pris une généreuse initiative; ses amis le suivirent. Montalembert, de Falloux, Villemain, Cousin, Thiers, Lacordaire et même Guizot prirent hautement la défense du Pape et de ses droits.

C'en était trop pour un gouvernement qui ne supportait pas la contradiction. Monseigneur Dupanloup, toujours digne et réservé devant le Pouvoir qu'il ne flatta jamais, se vit traiter comme un conspirateur et un ennemi de l'État, par tous les journaux vendus au Pouvoir. Le courageux évêque ne désarma pas pour cela ; à chaque iniquité de la politique française et piémontaise, à chaque attentat contre les droits sacrés de la religion, une brochure du prélat était annoncée, et l'athlète semblait retremper sa vigueur dans la force même des coups qu'il portait. Nul, surtout, ne dénonça mieux que l'évêque d'Orléans le brigandage de la politique piémontaise servie par notre gouvernement. Du même coup il démasquait et châtiait les coupables. Telles étaient son audace et sa puissance.

On osa le traduire un jour devant les tribunaux, et il nous fut donné de le voir sur le banc des accusés, assisté par Maître Dufaure. Avec quelle dignité l'évêque sut se défendre ! ses juges paraissaient moins à l'aise que lui-même. En vain les journaux officieux le représentèrent comme un ennemi acharné du gouvernement impérial. Mgr Dupanloup, dédaignant ces attaques, ne répondit point par des paroles mais par des actes, montrant en toute occasion combien était ardent son amour pour la France.

Cependant Napoléon voulait achever son œuvre funeste et impie. Au mois de septembre 1864, il faisait avec l'Italie une convention qui disposait du Pape et de son pouvoir temporel, le laissant à peu près à la merci de ses ennemis. Le pouvoir temporel étant méconnu, Pie IX voulut, du moins, affirmer son pouvoir spirituel, en proclamant le *Syllabus* où sont condamnées les erreurs les plus répandues par les politiques et les philosophes de notre temps. L'évêque d'Orléans avait prévu les clameurs de la presse impie, officielle ou officieuse. Au moment où deux évêques coupables d'avoir lu le *Syllabus* en chaire étaient poursuivis comme d'abus, un ministre de l'Empereur avait dit en parlant de Mgr Dupanloup :

— Est-ce qu'Achille boude et s'est retiré sous sa tente?

Mais, après quinze jours de recueillement et de travail, le

hardi lutteur jetait dans le public une brochure qui produisait l'effet de la foudre, mettant en pièce l'œuvre impériale.

Dans *la Convention du 15 Septembre et l'Encyclique du huit Décembre*, l'évêque prouvait clairement que le gouvernement français, sciemment ou à son insu, était dupe ou complice de l'Italie, et justifiait le *Syllabus* en l'expliquant d'une façon si lumineuse que ses ennemis l'accusèrent de travestir le document pontifical.

Ce ne fût pas ainsi que le comprirent les évêques du monde catholique et le Pape lui-même, car six cent trente évêques adressèrent au courageux prélat leurs félicitations et Pie IX lui envoya un bref de félicitations (1).

Malgré ces efforts, l'œuvre sacrilège allait être consommée par l'invasion des États Pontificaux. Parmi les faits révoltants de cette époque, Castelfidardo garde un rang particulièrement exécrable; l'évêque d'Orléans laissa tomber sur cette journée des accents d'horreur mêlés à des accents d'admiration pour d'héroïques victimes tombées sous les balles italiennes. Il y revint avec complaisance dans son Oraison funèbre du général Lamoricière, le héros de son cœur, plus grand après Castelfidardo qu'après ses plus glorieux combats livrés sur le sol africain.

A mesure que le gouvernement impérial s'empêtrait dans les affaires italiennes, on le voyait devenir de moins en moins chrétien. Il le prouvait par sa défiance envers l'Église, par la protection accordée à la franc-maçonnerie, la tolérance des livres manifestement impies comme la *Vie de Jésus* de Renan et le *Maudit*.

Avocat de toutes les nobles et saintes causes, l'évêque d'Orléans voulut défendre la foi dans toutes les régions où sa parole et ses écrits pouvaient pénétrer. Son attention s'était

(1) Le fait suivant fera juger du succès de cette brochure dans la catholicité : Deux presses travaillant nuit et jour ne suffisaient pas à le reproduire, et en peu de semaines trente quatre éditions françaises et trois éditions italiennes furent épuisées.

portée sur les doctrines avilissantes du matérialisme, qu'il voyait comme une barbarie montante envahir la société. Aussitôt il dénonça et attaqua le fléau. Ses premiers efforts eurent pour effet d'empêcher M. Littré d'être élu à l'Académie française et M. Taine d'être couronné par la même Académie. Dans le but de découvrir au public chrétien les tendances de l'école matérialiste et athée dont ces deux savants étaient les porte-drapeau, il publia son *Avertissement aux jeunes gens et aux pères de famille*, et peu après : *l'Athéisme et le péril social*; et quand enfin, plus tard, malgré son opposition, l'Académie lui donna pour collègue un vieux docteur en matérialisme, l'évêque indigné donna sa démission d'Académicien, pour ne pas siéger à côté d'un homme qui estimait si peu la dignité humaine et les dogmes de la religion de Jésus-Christ (1). Ce coup d'éclat embarrassa d'abord les membres de cette Assemblée, qui ne tardèrent pas à reprendre contenance : « déjà, remarquait M. Poujoulat, l'Académie n'était plus le sanctuaire des susceptibilités délicates. »

La conduite de l'évêque d'Orléans pendant le concile du Vatican au sujet de l'infaillibilité du Pape a été diversement interprêtée, et beaucoup de catholiques l'ont vertement blâmée. Quelques mots d'explication ne seront pas inutiles.

Remarquons d'abord que le prélat était d'accord, dès le principe, sur le fond de la question, puisque sa thèse pour le doctorat en théologie, il l'avait écrite sur l'infaillibilité pontificale. Il était donc prouvé par lui-même que le Pape, dépositaire de l'autorité donnée à saint Pierre, ne peut se tromper quand il décide *ex cathedra* les questions relatives à la foi, aux mœurs et à la discipline générale de l'Église. Mgr Dupanloup y croyait du fond de son cœur.

Mais était-il opportun de ranger cette croyance parmi les

____

(1) On continua cependant de lui payer la pension attachée à ce titre, et à sa mort, les pauvres d'Orléans bénéficièrent des 6000 francs qu'il leur laissait.

dogmes de la foi? L'évêque d'Orléans ne le pensait pas, et avant la définition, il avait incontestablement le droit de soutenir son opinion. Il eut, sans doute, le tort d'apporter dans les débats sur cette question l'ardeur qu'il apportait en toute chose quand il croyait avoir raison. Là, paraissait un défaut de son beau caractère, si remarquable sous tant d'autres rapports, défaut qui se retrouve souvent même dans les natures les mieux douées.

Au reste, sa soummission humble et spontanée après la définition prouve bien qu'il était de bonne foi dans cette opposition trop ardente. Ce qu'il explique au clergé d'Orléans :

— Je n'avais pas attendu jusqu'à ce jour pour faire arriver au Saint Père l'expression de mes sentiments, et depuis, j'avais exprimé à Sa Sainteté, à vous et aux fidèles de mon diocèse, mon adhésion à la doctrine publiée dans ces Constitutions... Dès le mois de février 1871, au lendemain même de notre délivrance, dans ma lettre d'adhésion adressée de Bordeaux au Souverain Pontife, je rappelais à Sa Sainteté que si j'avais écris et parlé contre l'opportunité de la définition, quant à la doctrine je l'avais toujours professée, non seulement dans mon cœur, mais dans mes écrits publiés dont le Saint Père avait bien voulu me féliciter par les brefs les plus affectueux, et je lui disais que j'y adhérais de nouveau, trop heureux si par cette adhésion je pouvais offrir à Sa Sainteté quelque consolation au milieu de ses amères tristesses.

Cette obéissance, cette soumission si humble des pasteurs et des fidèles ne sont-elles pas une des forces de l'Église catholique, comme elles sont la démonstration de sa divine autorité, parce qu'elle seule peut commander ainsi aux intelligences et aux volontés pour les ramener à l'unité, après les divisions en apparence les plus invincibles.

Mais revenons sur les événements qui se passaient pour le malheur de notre pays.

Mgr Dupanloup revenu de Rome trouva toute la France en

armes. Les désastres qui s'abattent sur ce pays du 4 août au 4 septembre lui percent le cœur. Il n'insulte pas cependant à l'Empire qui l'avait persécuté et étouffé sa voix; il ne songe qu'à sa patrie.

La politique bonapartiste en Italie n'avait pas seulement frappé l'Église, mais aussi la France : l'unité allemande née de l'unité italienne nous préparait des malheurs. L'évêque d'Orléans souffrit plus qu'un autre des maux de la guerre, quand sa ville épiscopale fut occupée à deux reprises par les allemands. Il multiplie les avis et les lettres pastorales, tandis qu'il installe dans son évêché des fourneaux économiques et des ambulances pour les soldats. On le voit donner ses séminaires et une église remplie de matelas pour les malades et les blessés, protéger la ville d'Orléans contre les exigences du vainqueur, recueillir et soigner lui-même les blessés, empêcher les soldats d'être emmenés prisonniers, arracher à la mort de pauvres français qui avaient fait le coup de feu contre les ennemis.

Les souvenirs de Jeanne d'Arc excitaient son zèle; il se mettait comme en présence de cette libératrice dont la gloire était devenue l'une de ses occupations.

Un jour, les Prussiens s'emparent de soixante habitants de deux villages, d'où étaient partis, dans les ténèbres, des coups de fusil contre eux, et les amènent à Orléans pour les fusiller. L'évêque en est informé. Aussitôt, il écrit au général de Tann, commandant supérieur, une lettre si touchante et si énergique que le général se rend lui-même à la caserne, fait ranger dans la caserne les malheureux qui croyaient venue leur dernière heure, et, d'une voix sévère, leur dit :

— Vous avez mérité la mort, mais je vous fais grâce. Seulement, n'oubliez jamais que vous devez la vie à votre évêque.

Quelques jours après, la même intervention arrachait à la mort le maire de Saint-Privé.

Des faits de ce genre sont communs dans cette circonstance,

et tous sont dûs à la puissante et religieuse influence du grand
évêque.

Enfin arriva la nouvelle de la capitulation de Paris.

« Tandis que le prélat était tout entier à la douleur causée
par cette triste fin de la défense nationale, il aperçut une
lumière inaccoutumée grandissant sur la façade de l'évêché !
C'étaient les Prussiens qui, pour témoigner leur joie, allu-
maient des bougies et des lampions sur ses propres fenêtres.
Indigné de cette bravade teutonne, il sortit de son cabinet de
travail et leur commanda avec tant d'autorité d'éteindre leurs
lampions, que les vainqueurs obéirent et firent tout disparaître.

« Ce trait d'audace ne déplût point au prince de Prusse.
Profitant de l'armistice pour venir à Orléans, il annonça son
intention de rendre visite à l'évêque patriote. Averti de ce désir,
le prélat prévint le prince, parla de la paix avec lui, insista
sur la nécessité de ne point froisser la France vaincue, en lui
imposant des conditions trop dures. Le prince en était d'accord;
il voulait une paix chrétienne mais le chancelier de fer fut d'un
tout autre avis (1). »

Reconnaissants du dévouement et de l'affection que leur
avait montrés leur évêque, les habitants d'Orléans voulurent
l'élire à l'Assemblée nationale. Il les remercia par ces paroles :

— J'ai soixante-neuf ans, je ne saurais accepter une charge
aussi lourde et qui me tiendrait éloigné de vous.

Malgré sa résistance, on insista et il fut élu. Le nouveau
député partit pour Bordeaux où son rôle fut toujours digne
d'un évêque. Laissant de côté toutes les questions secondaires,
qui le plus souvent n'aboutissent qu'à diviser les bons, il
s'attacha surtout aux questions religieuses et sociales, où il fit
entendre sa parole éloquente. Son autorité dans l'assemblée
fut considérable et ses deux premiers discours en faveur du
Pape arrachèrent à M. Thiers des déclarations rassurantes
pour le Saint-Siège. Les quatre discours suivants eurent pour

(1) *Illustrations au XIXᵉ siècle.*

effet de faire voter la loi sur l'aumônerie militaire. Sa compétence en matière d'instruction primaire et secondaire le fit nommer président de la Commission de l'enseignement, chargée d'examiner les projets de loi de M. Jules Simon.

Mais la situation difficile de la France était principalement un sujet d'inquiétude pour le prélat. Les diverses situations qu'il avait occupées dans sa longue vie de prêtre l'ayant mis en relation avec les membres de la famille royale, il voulut tenter des démarches pour les réconcilier; il vit, en effet, chaque prince en particulier et plaida chaleureusement auprès d'eux la cause de la France et de la religion, afin de les décider à réaliser une union d'où dépendait le bonheur des catholiques français.

Un des plus beaux triomphes et des plus grands bonheurs de sa vie fut le vote, par l'Assemblée nationale, de la loi sur l'enseignement supérieur pour laquelle le vaillant évêque avait tant combattu contre des adversaires tels que Challemel-Lacour, Brisson et Jules Ferry, au point de paraître jusqu'à huit fois à la tribune.

En 1874, Mgr Dupaloup voulut visiter Pie IX et le consoler dans sa tristesse, car le Pape n'était plus chez lui. Tous les malheurs prévus et annoncés par l'évêque d'Orléans dans ses discours et ses brochures avaient fondu sur le Saint-Siège. Le Souverain Pontife le reçut avec joie et affection, l'entretint de l'état de la France et de l'Église, surtout aussi des projets de l'Italie révolutionnaire.

« Pie IX, dit M. Morey, témoigna le désir de voir l'évêque d'Orléans tracer le tableau des spoliations du gouvernement italien envers l'Église. Ce désir fut un ordre, et dans sa première *Lettre* à M. Minghetti, ministre des finances, le prélat montra comment l'Italie avait dépouillé le Saint-Siège d'une manière implacable, comment cette spoliation entrave le gouvernement spirituel du Pape, en sorte que les droits des consciences sont violés, qu'une cause de perturbation morale

immense est posée dans le monde, que la question romaine
n'est pas résolue, et que, tôt ou tard, il faudra rendre au
Pape sa souveraineté pour lui rendre sa liberté. »

Mgr Dupanloup, peu avide des honneurs, avait déjà
refusé, en 1871, le siège archiépiscopal de Paris ; il refusa en
1876, celui de Lyon, désirant mourir en cette ville d'Orléans,
à laquelle il avait voué sa vie et que les malheurs de la guerre
lui avaient rendue plus chère encore. L'âge, au reste, lui faisait
sentir son poids, et l'illustre vieillard voulait consacrer le peu
de forces qui lui restait à défendre les causes qui intéressent
la France et l'Église. Déjà, dans la plupart de ses mandements
les principales questions du jour avaient été traitées : ses
Lettres aux pères de famille sur le volontariat d'un an,
son *Étude sur la Franc-Maçonnerie*, intéressaient tous les
catholiques ; la brochure : *Où allons-nous ?* parue en 1876
avec onze éditions en six semaines, était un avertissement
nouveau. Son dernier écrit fut une lettre pastorale sur *le
Denier de Saint-Pierre* très-remarquable. Malgré le mauvais
état de sa santé, l'infatigable écrivain appliquait sa devise :
Vivre et mourir en travaillant. Cette devise fut réalisée à
la lettre, car le jour où il mourut au château de Lacombe,
dans l'Isère, chez M. Du Boys, son ami, il travaillait encore
à corriger l'épreuve de ses *Lettres sur l'Éducation des jeunes
filles*, qui parurent après sa mort. Ce triste événement eut lieu
le 11 octobre 1878.

Mgr Dupanloup avait près de soixante-dix sept ans.

La reconnaissance de ses diocésains a voulu lui élever un
tombeau, et les voyageurs de passage à Orléans se font un
bonheur de visiter ce monument funèbre, où le vieil athlète de
la religion et de la France repose sous la garde de l'Éloquence
et du Patriotisme.

« Mgr Dupanloup, a écrit Mgr Duquesnay, est incontestablement l'homme qui, en France, a le plus fait pour la cause
sacrée de l'éducation de la jeunesse ; il l'a affranchie des en-

traves qui gênaient sa liberté. Pères et mères de familles, vous lui devez ces nombreuses écoles qui abritent vos fils et les rendent dans l'intégrité de l'innocence et de la foi. Vous lui devez, nous lui devons toutes ces universités catholiques qui préparent à la France de vaillantes générations : c'est sa dernière et sa plus glorieuse conquête. Il a usé sa vie pour nous dans toutes ces luttes ardentes.

» S'il a été le conquérant incontesté de la liberté de l'enseignement, avant et après sa victoire, pendant plus de cinquante ans, il a été un éducateur modèle. Ses traités sur l'éducation sont entre les mains de tous les bons instituteurs ; les disciples qu'il a formés remplissent toutes les carrières sociales ; il a engendré des évêques, des prêtres, des magistrats, des militaires, des diplomates, des administrateurs, des écrivains, et à tous il a communiqué sa vive foi, son ardeur guerrière, son chevaleresque amour pour l'Église et la France.

» Polémiste infatigable, il était toujours au premier rang et à la première heure du combat ; il poursuivit de son implacable logique et de sa parole vengeresse les ennemis de l'Église ; naguère encore aux applaudissements de l'Europe entière, il défendait la religion, la patrie, l'honneur et la vertu outragés par ce Voltaire dont la Révolution cherchait à rajeunir la mémoire néfaste.

» Mgr Dupanloup, comme tous les grands hommes, aura eu ses détracteurs et ses opposants, et, il faut bien constater qu'il s'en est trouvé parmi ceux qui sont illustres, eux aussi, dans les rangs de la défense catholique. Ne nous en scandalisons pas ; c'est une suite inévitable de notre humaine imperfection.

« Quel que soit le jugement porté sur l'attitude qu'il a prise pendant le concile du Vatican, personne n'a le droit de mettre en suspicion sa fidélité et son amour pour l'Église. Cet amour a été la plus grande passion de sa vie. Nous l'avons connu et entendu jeune encore et déjà grand orateur : c'était toujours l'Église, sa divine constitution, ses luttes, ses triomphes, ses immortels bienfaits, son pouvoir, toujours l'Église qui était l'objet de ses beaux discours. A la Sorbonne, sous une autre forme, c'est toujours la même thèse. A la tribune de l'Assemblée nationale et du Sénat, n'a-t-il pas été le fier revendicateur des droits de l'Église?

Oh ! oui, ce grand Évêque a passionnément aimé l'Église et les âmes, comme il a toujours servi la France ; pour les défendre, il a tout dépensé : paroles, écrits, incessantes démarches, influence, forces, santé, tout, sa vie même. »

FREPPEL (Mgr)

PROFESSEUR EN SORBONNE, ÉVÊQUE, DÉPUTÉ.

(1827 — 1891).

> « Dieu ne nous a pas ordonné de vaincre,
> mais de combattre. »
>
> (*Devise de L. Veuillot, adoptée par Mgr Freppel*)

Au mois de décembre 1891, la France catholique perdait un orateur de premier ordre, éminent par le talent, la doctrine et la science, Mgr *Freppel*, évêque d'Angers, député du Finistère, l'une des figures les plus sympathiques et les plus distinguées de ce siècle. Cette physionomie remarquable entre tous les membres de l'épiscopat eût été digne d'inspirer le pinceau magistral de Kretz, le peintre des scènes sacerdotales.

Originaire d'Obernay (Bas-Rhin), où il naquit en 1827, Émile Freppel appartenait à une famille de magistrats. Son père, qui excerça dans cette ville les fonctions de juge de paix, sut donner à l'enfant l'exemple de la pratique convaincue de la religion, et sa mère veilla elle-même avec un soin jaloux sur le développement de son cœur. « Femme d'intérieur, d'ordre et d'économie, type d'Alsacienne, elle se fit l'institutrice de son fils. C'est elle qui le dirigea dans la première partie de sa vie et fut son unique professeur jusqu'au jour, où il franchit le seuil du collège. Jamais mère n'eut d'ailleurs de fils plus dévoué ; tous deux restèrent liés l'un à l'autre, et la mort, survenue il y a douzaine d'années, put seule contraindre Mme Freppel à se séparer de son enfant (1). »

Les maîtres du pensionnat d'Obernay, étonnés des merveilleuses dispositions du jeune élève, comme les parents de saint Jean-Baptiste se demandaient ce que serait un jour cet enfant. Pour lui, il n'hésita point, et à leurs questions il répondait hardiment : *Je veux être prêtre.*

Là, près d'elle, la pieuse mère retrouvait son Émile et son regard ne le perdait pas de vue. Aussi, Dieu, qui veille avec un soin jaloux sur ceux qu'il destine à une haute mission, laissait ce jeune cœur s'épanouir à la douce influence du foyer domestique et de maîtres chrétiens. L'enfant se plaisait à orner sa mémoire prodigieuse des plus belles pages de nos Saints Livres. Acharné également à l'étude des auteurs classiques, il ravissait ses maîtres et étonnait ses condisciples. A sa sortie du collège chaque soir, au lieu de courir avec les autres enfants sur les remparts de la ville, le jeune Émile se hâtait de rejoindre le logis paternel et d'y reprendre ses livres, ses meilleurs amis.

Dans un discours sur la *Puissance du travail* prononcé à saint Stanislas en 1843, Ozanam a rappelé Bossuet s'enfermant à l'âge de six ans dans la bibliothèque de son oncle ; les historiens de Montalembert nous montre aussi le futur défenseur de la liberté d'enseignement enfermé de six à dix ans dans le cabinet de son grand-père : ainsi nous retrouvons le futur orateur vivant dès l'enfance au milieu de ses livres et laissant à d'autres les amusements du jeune âge.

Ses parents s'inquiétèrent d'abord de cette assiduité fiévreuse au travail; mais l'enfant paraissait si heureux et sa santé si florissante, qu'on le laissait pâlir sur ses recueils de la littérature.

(1) *Oscar Havard*

Après un travail assidu joint à de si heureuses dispositions, il n'est pas étonnant de voir Émile Freppel, depuis la sixième jusqu'en réthorique se maintenir le premier du cours, et, aux distributions de prix, remporter les plus beaux succès. Avec cela, pieux comme un ange, vertueux parmi les plus vertueux, jamais sa vie ne fut en contradiction avec l'idéal du sacerdoce auquel tendaient ses aspirations et ses études. A dix-sept ans, bachelier, il entra au Grand Séminaire de Strasbourg, où deux ans après il recevait le sous-diaconat des mains d'un prélat, dont le regard lumineux pénétra jusqu'au fond de cette nature d'élite.

On était en 1848; l'abbé Freppel, hier encore élève, fut tout à coup nommé professeur d'histoire au Petit Séminaire de Strasbourg. Toujours à l'affut des moindres découvertes de la critique, il sut en profiter pour élever l'enseignement des faits à la hauteur d'un cours d'apologétique.

Ordonné prêtre avec dispense d'âge à vingt-trois ans, l'abbé Freppel était aussitôt nommé Directeur du collège Saint-Arbogaste à Toulouse, où, du reste, il ne fit que passer : ses mérites l'appelaient ailleurs. « On n'arrête pas le cours d'un fleuve, dit son biographe. Tout indiquait à l'abbé Freppel que la Providence l'attirait hors du diocèse natal. Mgr Ress le comprit et ne mit point obstacle à l'esprit qui appelait, loin du berceau de sa vie sacerdotale, ce prêtre que l'Église de France attendait sur un théâtre plus en vue (1). » Ces lignes font allusion à la demande que Mgr Sibour, archevêque de Paris, venait d'adresser à l'abbé Freppel, en lui offrant la chaire de philosophie à l'École des Carmes.

Le distingué professeur exerça peu de temps ces fonctions. Après avoir conquis avec une rare facilité ses grades de docteur en Sorbonne, il était nommé chapelain de Sainte-Geneviève. Dans ce brillant concours, son érudition précoce et la solidité de ses réponses lui avait assuré un rang glorieux.

(1) *Mgr Freppel*, par Mgr Ricard. *Dentu.*

Bientôt le jeune chapelain donnait ses conférences de Sainte-Geneviève, qui révélèrent sa valeur oratoire et son talent déjà mûr. En même temps, son zèle le portait à se multiplier, et sa voix se fit entendre à la Madeleine, à Saint-Roch, à Sainte-Clotilde et dans les principales églises de Paris, où l'encourageait une assistance d'élite que les fruits merveilleux de la grâce divine rassemblaient partout autour de sa chaire.

« L'œuvre oratoire de cette première phase de la vie de Mgr Freppel, dit Mgr Ricard, consiste surtout dans les vingt-sept discours ou panégyriques qui forment la matière de deux gros volumes publiés en 1869. Ils ont tous cela de commun qu'ils font ressortir l'étroite union, l'alliance intime de ces trois grandes choses, les plus précieuses qui soient au monde : la religion, la science et la patrie. En les lisant, on croirait parcourir un de ces monuments augustes où de pieuses mains rassemblent tout ce qui est le plus propre à élever l'âme. Au seuil, se dressent, en face l'une de l'autre, deux images vénérées : la Bible, manifestation écrite de la vérité divine ; la Papauté, manifestation vivante de la divine autorité...

» Si nous pénétrons plus avant, nous voyons apparaître à nos regards toutes les gloires religieuses de cette France qui porte au front la triple auréole du confesseur, de l'apôtre et du martyr ; puis, tour à tour, chacun de ces grands saints, qui par leurs bienfaits séculaires, leur naissance ou leur séjour sur notre sol, sont devenus nos patrons aimés et populaires... Mais si la France est inséparable de l'Église catholique, la science est étroitement unie à toutes les deux. On en trouve la preuve dans la série de discours dont nous ne pouvons, hélas ! que citer les titres : *Harmonie des sciences avec la Religion ; Droits et Devoirs de la Science ; Rapports de la Religion et de l'État.* »

Appelé à professer l'éloquence sacrée à la Sorbonne, l'abbé Freppel inaugura ses savantes études sur les Pères et les Apologistes du IIe et IIIe siècle, dont les principaux sont saint Justin, saint Irénée, Tertullien et Origène, travail qui forme dix volumes. Dans la préface, l'auteur disait, avec raison, en laissant percer sa grande préoccupation d'apologétique : « J'ai toujours pensé que les écrits des premiers Pères forment la meilleure apologie de la religion catholique. » Et le P. Clair, célèbre Jésuite, appréciait ainsi ses travaux apologétiques : « Faire revivre en de savantes études les immortels modèles de l'éloquence chrétienne, dessiner d'une main ferme et délicate les grandes figures des anciens Apologistes ; résumer, sous une forme brillante, avec toute l'exactitude théologique, les enseignements des Justin et des Athénagore, des Tertullien et des Irénée ; des Cyprien, des Clément d'Alexandrie et des Origène : telle est l'œuvre imposante à laquelle M. l'abbé Freppel, pendant plusieurs années, a consacré les ressources d'un talent sérieux, d'une érudition qu'envierait l'Allemagne, et d'une ardeur toute française. » C'était là, certes, un magnifique travail, bien digne d'un beau talent et propre à rendre un réel service pour la défense de l'Église.

Mais la renommée du célèbre professeur allait toujours grandissant, la Cour impériale voulut l'entendre. Ce fut en 1862. L'orateur prêcha la station du carême aux Tuileries en présence de l'Empereur, qui sut apprécier cette sévère et classique éloquence.

Il est impossible en quelques pages de résumer même les grands travaux du savant professeur. Ses vastes études jointes aux prédications, aux oraisons funèbres et panégyriques des saints patrons aux fêtes paroissiales ne suffisaient pas à occuper son zèle. L'abbé Freppel, avec sa science variée et son ardeur pour la défense de la foi se portait partout où la religion était attaquée. Aussi quand vint à paraître *la Vie de Jésus* de Renan, scandale inouï que toléra l'Empire ; quand fut donné le signal de la guerre contre nos dogmes fondamentaux, le jeune apologiste, plus compétent que beaucoup d'autres, fut l'un des premiers à démontrer la faiblesse d'une critique qui prétendait s'appuyer sur la science allemande et que désavouaient d'ailleurs les savants de cette nation. Son *Examen critique de la Vie de Jésus de M. Renan* arriva promptement à la quinzième édition et fut traduit dans toutes les langues de l'Europe : succès magnifique, qui révélait à notre époque un apologiste de premier ordre. Dès lors, le nom de l'abbé Freppel allait retentir avec gloire à côté de celui des plus grands évêques dont la parole faisait autorité dans les luttes contemporaines.

On vit le docte professeur réfuter avec la même compétence un professeur au Collège de France qui, dans la *Revue des Deux-Mondes*, avait pris la défense de M. Renan. Il fit crouler « les suppositions bizarres, les méprises grossières, les blasphèmes effrénés et les tentatives de réhabilitation impossible, » dont abondait l'œuvre de M. Havet, réduisant à néant les prétentions de critique et de science par lesquelles le rédacteur de la *Revue des Deux-Mondes* espérait légitimer l'œuvre de l'apostat Renan. Puis, quand celui-ci, poursuivant ses attaques sacrilèges, écrivit *Les Apôtres* avec le même sans-gêne et la même mauvaise foi, l'abbé Freppel le réfuta victorieusement par son *Examen critique des Apôtres de M. Renan.*

Ainsi s'affirmait la foi énergique et savante de l'éminent apologiste, et cette foi fut toujours la plus pure et la plus conforme aux enseignements de l'Église.

On en eut la preuve en plusieurs circonstances.

Ce fut d'abord quand, dans ses *Leçons*, l'abbé Freppel protesta contre la prétention des Jansénistes et des Gallicans d'invoquer les articles de 1682, et en particulier lorsque, parlant de Bossuet à la Sorbonne, il sut dégager l'erreur du grand évêque de Meaux des beautés de ses autres doctrines.

C'est ce qu'il rappelait plus tard à la tribune parlementaire, en répondant à M. de Douville-Maillefeu s'écriant comme un vulgaire ignorant :

— Bossuet ? c'est un hérétique.

— Un hérétique ? répliqua l'éloquent député. Ni moi, ni personne, Monsieur, n'avons dit que Bossuet ait jamais été un hérétique.

Puis il ajoutait :

— Lorsque j'avais l'honneur de professer à la Sorbonne, j'ai fait pendant deux ans mon cours sur Bossuet, et tous mes auditeurs savent quelle admiration j'ai toujours professée, et je professe encore pour ce grand homme.

On applaudit à cette déclaration, qui prouvait qu'un ultramontain pouvait parler de Bossuet sans se croire obligé d'insulter à cette gloire française et catholique. Il ajoute encore :

— Bossuet a pu se tromper sur l'un ou l'autre point avant que les questions fussent définies, cela peut arriver à tout le monde... Mais, suivant l'adage bien connu : *errare humanum est, perseverare diabolicum.*

Cette pureté de foi de l'abbé Freppel, Pie IX la connaissait, et mis au courant de ces doctrines sûres et précises, il appela le professeur de Sorbonne, comme consulteur à Rome, au sein des commissions préparatoires du Concile de 1870. Cette nomination grandit encore l'abbé Freppel dans l'estime des catholiques, et les amis de la vraie doctrine s'en réjouirent grandement. C'est ce que rappelaient les inscriptions qui, plus tard, devaient orner le catafalque du regretté prélat, avec la date et la mention des principaux actes de la vie de l'évêque d'Angers. A la place d'honneur on lisait : *Concile du Vatican.*

L'époque du Concile fut pour l'abbé Freppel l'occasion de voir de près Louis Veuillot et d'être mieux connu de l'éminent publiciste. Le digne ecclésiastique avait apporté

à Rome des préventions contre le rédacteur de l'*Univers*
qu'on représentait constamment comme voulant régenter les
évêques. « Ce fut en 1870, écrivait Eugène Veuillot en
constatant ce rapprochement, à Rome, où l'abbé Freppel
avait rang parmi les théologiens du Concile, que des relations suivies s'établirent. La lutte était engagée dans son
vif, lorsque mon frère m'écrivait : « J'ai vu l'abbé Freppel,
il est avec nous ; nos amis en sont très contents. » —
« D'ailleurs, à Rome pas plus qu'en Sorbonne, ajoute
Mgr Ricard, ni plus tard à Angers ou au Parlement,
l'abbé Freppel ne songeait à se montrer autre qu'il n'était.
C'est encore Eugène Veuillot qui le rappelle en exhortant
les futurs historiens à montrer ce que fut l'honneur chez
ce grand évêque : « Il faudra distinguer entre ses allures,
que l'on pouvait parfois trouver impétueuses, et son caractère foncièrement large, qui lui faisait accepter la contradiction et oublier bien vite qu'on l'avait contredit. Ajoutons
que cet esprit très absolu d'apparence, très prompt à
parler selon ses impressions, était au fond un esprit
modéré. Il n'aimait pas à s'engager hors des voies connues.
Que l'on étudie de près ses actes, sa conduite, quant aux
questions politiques et sociales comme sur le terrain de
l'action religieuse, et l'on reconnaîtra que, s'il était, très
tranché dans les termes, il apportait beaucoup de réserve
dans les conclusions. Tels de ses amis, de ses admi-
rateurs, lui auraient volontiers reproché de trop les re-
tenir. »

Cependant les fonctions remplies avec succès dans les
travaux préparatoires au Concile avaient mis en évidence
le professeur de Sorbonne, et le siège épiscopal d'Angers
étant devenu vacant par la mort de Mgr Angebault, Pie IX,
qui venait d'apprécier les grandes qualités et le dévouement
du docte théologien fit savoir au gouvernement impérial
qu'il serait heureux de voir l'abbé Freppel recueillir cette

succession. L'Empereur accéda à ce désir, et par un décret du 27 décembre 1869, il ratifiait le choix du Souverain Pontife en nommant l'abbé Freppel à l'évêché d'Angers.

Ce qui fait l'évêque, c'est le zèle, la science et la charité. Le nouveau prélat possédait, à un degré éminent, ces trois qualités. D'abord le zèle ; écoutons plutôt : « Tout ce que nous avons pu amasser de lumière et d'expérience sur le chemin de la vie, dira-t-il à ses diocésains dans sa première lettre, nous devons l'appliquer à la recherche des moyens les plus propres à augmenter votre bonheur. Nos journées ne seront pleines qu'autant que le souci de votre avenir éternel en aura rempli tous les instants, et nos années ne compteraient pour rien, si, du premier jour au dernier, votre progrès dans la sainteté ne restait l'objet constant de nos efforts. L'œil fixé sur la devise que vos ancêtres avaient recueillie de la bouche de saint Martin pour la placer dans leurs armes : *Non recuso laborem*, nous n'aurons le droit de reculer devant aucun sacrifice, et notre vie elle-même ne nous appartiendrait plus s'il fallait la donner pour le salut de vos âmes. » Ce dévouement absolu jusqu'à la mort du vrai pasteur, le prélat le renouvelait quand il monta pour la première fois dans la chaire de sa cathédrale : « Venez, s'écriait-il, venez en toute confiance à votre évêque dans vos peines et dans vos souffrances ; vous trouverez toujours en lui un cœur ouvert à tous les besoins, le ferme et ardent désir de vous être utile, de travailler au salut de vos âmes, de vous offrir de son mieux ses conseils, ses encouragements, ses consolations. »

Huit gros volumes de lettres pastorales seront là pour attester que Mgr Freppel a été fidèle à ses promesses, et sa vie entière en est là preuve.

Son zèle s'exerça merveilleusement dans la peinture de ces figures de saints et de saintes que sa parole éloquente sut faire revivre en de magnifiques panégyriques. Sainte Geneviève, sainte Clotilde, sainte Radegonde, sainte Anne, toutes ces gloires nationales et chrétiennes, il les a célébrées dans un langage animé du plus pur souffle patriotique et religieux. A côté de ces portraits d'une touche magistrale, viennent prendre place des études historiques que la forme rend véritablement attrayantes : considérations sur l'épiscopat et sa mission, gloire de la Sorbonne, Concile du Vatican, les moines, les ordres religieux, les questions ouvrières et sociales, il éclaire tout au flambeau de l'Évangile : « Je sais bien que de nos jours on voudrait tout déchristianiser, écrit-il, mais il est une chose, du moins, que l'on ne parviendra jamais à dépouiller de son caractère chrétien : c'est l'histoire même de la France... La France, comme nation ayant sa mission propre, ne se conçoit même pas sans le Catholicisme, parce qu'il n'est pas, dans le monde entier, un intérêt catholique qui ne soit également un intérêt français ; il en a été ainsi de tout temps.

» Admirable destinée d'un pays dont l'intérêt se confond avec le devoir, qui pour rester digne de lui-même n'a besoin que de se rappeler sa foi. Oh ! ne l'oublie pas, ô France, patrie bien-aimée ; souviens-toi de ta longue et glorieuse histoire ! Ne prête pas l'oreille aux sophistes qui parlent de séparer ce que Dieu a uni par son alliance indissoluble... Relève ton front, noble pays ; aie confiance dans ta vocation divine : non, tu n'as pas achevé ta mission ; car, en disparaissant, tu laisserais un vide que seule la toute-puissance de Dieu serait capable de combler... Tu reprendras le cours de tes destinées glorieuses, tu resteras au milieu du monde le Soldat de la Providence, l'Apôtre armé de la foi et de la civilisation chrétienne. Comme par le passé, tout ce qui est petit, tout ce qui est faible, tout ce qui se sent opprimé dans l'univers

Monseigneur FREPPEL

Évêque d'Angers — Député du Finistère

entier, se tournera vers toi pour chercher sur tes lèvres le mot de la délivrance... Puissent tes enfants oublier leurs querelles intestines et se serrer plus étroitement que jamais autour de leur mère pour n'avoir désormais sur leurs lèvres et dans leur cœur que ces deux mots où tout se résume dans une même foi et dans une commune espérance : Dieu et la Patrie ! »

La science, second caractère de l'épiscopat, l'évêque d'Angers pouvait la résumer dans ce mot : *Université catholique,* qu'il organisa aussitôt le vote de la loi sur la liberté de l'enseignement supérieur. N'avait-il pas, dans ce but, toutes les connaissances nécessaires? Il était également fort en droit ecclésiastique et en droit civil, en jurisprudence et en doctrine ; aucune branche des lettres et des sciences ne lui était étrangère. Ses discours à la Chambre en sont la preuve. « Il surprenait, dit son biographe, par la connaissance parfaite de la géographie la plus lointaine ; il discutait pertinemment des heures entières sur les systèmes et les méthodes de fortification et de défense des places avec la précision d'un mathématicien, et s'appliquait aussi bien à l'étude de l'histoire qu'à la démonstration du *postulatum* d'Euclide (1) ».

La charité, troisième qualité nécessaire à l'évêque : Mgr Freppel aimait à se donner, à se prodiguer même, à soulager toutes les infortunes. Ses diocésains le savent et ses prêtres notamment peuvent l'attester. On connaît cette dernière scène qui se passa entre l'évêque et ses vicaires généraux quand ceux-ci, le voyant épuisé de fatigue, le suppliaient de surseoir à l'ordination peu de jours avant sa mort :

— Non, répondit le courageux prélat, je ne puis retarder cette fonction ; je m'y traînerais plutôt à genoux.

---

(1) Plusieurs fois des hommes spéciaux furent émerveillés de ses connaissances techniques dans l'art de la guerre. Ses aptitudes pour les sciences mathématiques attirèrent souvent l'attention des savants, et l'on cite ce fait, qu'un jour, il tira d'embarras deux polytechniciens distingués aux prises avec une équation compliquée.

Aucune requête ne l'importunait ; il était accessible à tous et son dévouement ne faisait acception de personne.

On raconte que Mgr Freppel avait l'habitude de se faire porter à son domicile de la rue de Narbonne ses dossiers, chaque soir. L'huissier chargé de ce service était franc-maçon, et l'évêque d'Angers le savait : il ne l'en accueillait pas moins d'une façon très bienveillante, et souvent le retenait à dîner. Ce trait nous peint bien l'évêque condescendant et charitable.

Ce qu'il faisait à Paris, il le faisait mieux encore à Angers. Aussi son peuple lui fut-il très attaché. On a pu le voir à l'émotion profonde que produisit la nouvelle de sa mort, à l'empressement de la foule à se rendre auprès de sa dépouille mortelle, aux marques de douloureuse vénération dont fut entouré son cercueil et qui frappèrent surtout les étrangers venus à ses funérailles.

Le prélat était revenu de Rome où il avait reçu l'onction épiscopale, quand tout à coup le canon gronde, la France est menacée, et l'Alsace, sa chère Alsace, subit la honte de l'invasion. Aussitôt, ne prenant conseil que de son patriotisme et de sa foi, il organisa jusque dans sa demeure des ambulances pour les soldats malades et blessés. Il fit plus encore : dans une lettre sublime de dévouement il exhorte les élèves de son séminaire qui ne sont pas engagés dans les Ordres sacrés à prendre les armes pour la défense de la patrie, et ceux qui y sont entrés à se faire infirmiers dans les ambulances et les troupes auxiliaires.

« Déjà, disait l'évêque, une vingtaine d'entre eux ont devancé mon appel, et je les en félicite. Ou ils tomberont martyrs de la patrie, et ils auront rendu à la religion le plus signalé des services, ou ils reviendront au séminaire avec l'auréole du dévouement, et le sacerdoce ne comptera pas de membres plus fortifiés par l'épreuve du sacrifice, ni plus honorés de la confiance des peuples. Et quoi qu'il puisse arriver, nous aurons fait tout ce qui dépendait de nous pour le salut de la France, notre mère à tous. »

Cet appel fut entendu, et on vit les séminaristes d'Angers devenir infirmiers, mobiles, franc-tireurs, zouaves, et accomplir des prodiges de valeur et de dévouement. Pendant la guerre, Mgr Freppel envoyait en Allemagne ses vieux prêtres porter des secours aux prisonniers français ; l'évêque fut fier de ses enfants.

Mais la douleur du fils de l'Alsace devint immense. N'écoutant que son cœur, il tenta une démarche sur laquelle son patriotisme pouvait seul s'illusionner, et écrivit à l'empereur Guillaume : « Sire, au moment où l'Assemblée nationale va délibérer à Bordeaux sur les conditions de la paix, permettez à un évêque français, enfant de l'Alsace, d'élever la voix pour plaider auprès de Votre Majesté la cause de sa patrie. »

Entrant ensuite dans la question, l'évêque continuait : « La cession de l'Alsace serait une des conditions de la paix. Croyez-en un évêque qui vous le dit devant Dieu et la main sur la conscience : l'Alsace ne vous appartiendra jamais. Vous pourrez chercher à la réduire sous le joug, vous ne la dompterez pas.

» J'ai passé en Alsace vingt-cinq années de ma vie, je suis resté depuis lors en communauté d'idées et de sentiments avec tous ses enfants ; je n'en connais pas un qui consente à cesser d'être Français. Catholiques ou protestants, tous ont sucé avec le lait de leur mère l'amour de la France. Le même esprit vivra, soyez-en sûr, dans la génération qui s'élève comme dans celles qui suivront ; rien ne pourra y faire, les séductions pas plus que les menaces.

» Car, pour s'en dépouiller, il leur faudrait oublier, avec leur devoir et leurs intérêts, la mémoire et jusqu'au nom de leurs pères, qui, pendant deux cents ans, ont vécu, combattu, triomphé et souffert à côté des fils de la France. Et ces choses-là ne s'oublient point ; elles sont sacrées comme la pierre du temple et la tombe des ancêtres....

» Que la langue allemande se soit conservée dans une partie du peuple, peu importe si depuis deux siècles cette langue ne sait plus exprimer que des sentiments français.... Ces Alsaciens, et c'est le point capital, sont Français de cœur et d'âme, et quoi que l'on puisse faire dans l'avenir les petits-fils des Kléber, des Kellermann et des Lefebvre n'oublieront jamais le sang qui coule dans leurs veines. »

Mgr Freppel prévoyait l'avenir, et avec quelle justesse, lorsqu'il ajoutait : « Et la France, la France qui peut être vaincue mais non anéantie, acceptera-t-elle dans l'avenir une situation qu'on la forcerait de subir aujourd'hui ? Pour elle, céder l'Alsace équivaut au sacrifice d'une mère à laquelle on arrache l'enfant qui ne veut pas se séparer d'elle.

» Ce sacrifice, l'Assemblée nationale le fera ou ne le fera pas : elle est souveraine. Mais ce qu'elle ne pourra pas faire, c'est de détruire dans l'âme des Alsaciens leur attachement à la mère-patrie ; ce qu'elle ne fera jamais, c'est de fermer une plaie qui restera saignante au cœur de la France. »

Les mérites de l'évêque d'Angers devaient le faire apprécier davantage et le conduire aux plus grands honneurs. Mais il s'y refusa constamment, et s'il accepta les fonctions de député, c'est que cet honneur devait surtout lui conférer des charges et l'amener à des luttes auxquelles il se croyait appelé. C'est ainsi que, sous le gouvernement du maréchal de Mac-Mahon, Mgr Freppel fut sollicité d'accepter le siège d'archevêque de Chambéry. Ce devait être la récompense bien légitime de ses services. Mais le prélat ne voulut point quitter son cher diocèse d'Angers, où il avait juré de mourir.

Sous le ministère de Jules Ferry, dont à la tribune il avait par hasard secondé la politique coloniale, celui-ci ayant fait pressentir Léon XIII sur le choix de Mgr Freppel pour le chapeau de cardinal, le Saint-Père accueillit favorablement cette proposition. Mais à peine l'évêque d'Angers en fut-il prévenu qu'il demanda en grâce que la pourpre ne semblât pas être la récompense d'une campagne qu'il avait menée seulement pour obéir à sa conscience et non pour obtenir les faveurs du Pouvoir.

Cependant son dévouement et son patriotisme devaient recevoir une récompense.

M. de Kerjégu, député de Brest, étant mort en avril 1880, ses électeurs offrirent la candidature à l'évêque d'Angers. Celui-ci accepta avec joie et fierté, sans se dissimuler le surcroît de travail et de dévouement qu'allait exiger cette nouvelle fonction. « Devant une telle situation, disait Mgr Freppel à ses futurs électeurs, vous avez pensé que la présence d'un évêque au Parlement pouvait avoir son utilité, ne serait-ce que pour y faire entendre des paroles de justice et de modération. Honneur à vous, nobles fils de la Bretagne, d'avoir compris ce que toutes les nations chrétiennes se font un devoir de pratiquer en accordant une part aux ministres de la religion dans la représentation des intérêts du pays.... Oui, disait-il, il m'est doux de penser qu'en songeant à moi pour plaider sa cause dans les conseils de la nation, la Bretagne a voulu envoyer à l'Alsace un témoignage de ses regrets et de sa douloureuse sympathie. » Le candidat épiscopal s'était contenté d'écrire cette circulaire, sans vouloir engager sa robe d'évêque dans les luttes électorales. Il fut élu à une majorité considérable.

Relisons l'histoire de ses débuts à la tribune parlementaire :—

« Enfin Mgr Freppel fit son entrée. Bien curieux fut ce début. La droite fut en partie réservée, mais tous les députés de la minorité manifestèrent pour le prélat la déférence due à sa situation épiscopale. A gauche, c'était des ricanements mal dissimulés, une curiosité peu bienveillante. « Voilà l'ennemi! » semblait-on dire, clignant de l'œil à Gambetta, qui occupait le fauteuil et surveillait les mouvements du titulaire du siège de Brest.

Comment le président de la Chambre le qualifierait-il? Oserait-il lui donner du « Monseigneur? » Grosse question qui avait agité les couloirs, amené une énorme affluence dans les tribunes. Anxieuse aussi, la droite attendait. Gambetta, qui avait son plan arrêté, affecta de dire : *Monsieur Freppel, vous avez la parole !*

La minorité murmura, quelques gauchers applaudirent, mais ce premier incident fut bientôt clos, l'évêque d'Angers n'en fut point quitte pour cette première épreuve. Ce ton de prédicateur qu'il avait à son entrée au Parlement, sa méthode d'éloquence sacrée, tout cela lui valut pendant quelque temps des quolibets, des outrages qui lui arrivaient jusqu'à la tribune:

— J'entends tout, avouait-il, mais cela me donne plus de courage.

Bientôt, d'ailleurs, en homme intelligent qu'il était, il modifia ses procédés oratoires. Mais le fait suivant montre qu'il n'en avait pas autant besoin qu'on l'a dit.

La gauche venait d'accueillir son premier discours, qui traitait courageusement et avec une vigueur tout épiscopale de l'inique expulsion des Jésuites, par des cris, des grognements, des coups sur les pupitres, des injures.

Impassible et sans se déconcerter, dominant de sa forte voix les hurlements de ses adversaires : « Messieurs, dit l'évêque, je suis Alsacien et je représente ici les Bretons ; c'est assez vous dire que, pour lasser ma patience, vous aurez à vaincre deux ténacités au lieu d'une. C'est peut-être beaucoup. »

Le calme se fit : « Je répète ma phrase, reprit l'orateur, dût-elle encore vous faire sourire. »

Le président avait peut-être espéré le désarçonner, en s'exprimant comme il le fit, aux applaudissements de la gauche :

— La parole est à Monsieur le député Freppel.

— M. le président, fit aussitôt le nouveau député, vient de me donner un titre qui m'honore et dont je me glorifie.

A quelque temps de là, Mgr Freppel fut amené à prendre sa revanche. Il avait à parler de feu le cardinal Mathieu, archevêque de Besançon ; il le dénomma ainsi : « *Monsieur* le cardinal Mathieu. »

Toute la gauche, entendant le député-évêque s'exprimer de la sorte, se tourna vers lui et vociféra avec un ton gouailleur : « Mais, dites au moins Monseigneur ! » L'évêque d'Angers laissa les interrupteurs s'apaiser, reprit, sans se troubler, la phrase qu'il avait commencée et continua de dire : *Monsieur* le cardinal Mathieu.

Nouvelle apostrophe de la gauche dans les mêmes termes. Alors le prélat, se tournant à son tour vers ses collègues, leur dit : « Messieurs, vous mettez une telle persistance à m'interpeller à propos du qualificatif *Monsieur* que j'ai substitué à celui de *Monseigneur*, que je me vois dans la pénible nécessité de vous donner, bien malgré moi, une petite leçon d'étiquette et d'histoire. En France, au temps du beau langage, au xviie siècle, on disait, en parlant d'un cardinal, *Monsieur* le cardinal, comme on disait *Monsieur* en parlant du frère du roi. La raison en était que, dans notre pays, les princes de l'Église étaient assimilés aux princes du sang, tandis que lorsqu'il s'agissait d'un simple évêque, comme moi, ajoute Mgr Freppel avec un doux sourire, et en ramenant sa main droite sur sa poitrine, on disait *Monseigneur*.

La gauche et la droite s'empressèrent alors d'applaudir, avec le plus parfait ensemble, la leçon donnée par l'évêque d'Angers (1) ».

L'œuvre oratoire et législative de Mgr Freppel est considérable, et loin de nous la prétention de l'analyser même en ces pages. Nous indiquerons en quelques mots son action et sa conduite en disant que pendant près de douze années il se tint sur la brèche, réjouissant les catholiques par sa fière attitude, par la beauté et l'à-propos de ses discours, forçant le respect et l'admiration de ses adversaires en leur imposant sa parole : « Il tint tête, dit *l'Anjou,* à l'armée des sophistes et des sectaires qui font le siège de l'Église et de la société française. Pas une question religieuse n'a été soulevée sans qu'il ait pris

(1) Le Maréchal. *Figaro.*

la parole, on pourrait dire pas une question sociale. Les titres seuls des discours qu'il a prononcés sur les sujets les plus divers, à des dates souvent très rapprochées, avec une connaissance « toujours exacte du sujet, » montrent la prodigieuse activité du prélat. Et la feuille catholique calcule que l'évêque d'Angers a prononcé à la tribune parlementaire plus de deux cents discours. Aucun talent ne fut plus souple et plus varié, aucun orateur ne fut plus capable de discuter pertinemment sur les questions les plus variées (1).

Le détail serait trop long des traits d'esprit, des heureuses reparties par lesquelles il désarmait ses adversaires en mettant les rieurs de son côté, car Mgr Freppel avait de l'esprit et du meilleur. Souvent tout le monde ne riait pas, quoique nul à la Chambre, parmi les gens sérieux, ne s'entendît mieux à soulever ce que les comptes-rendus appellent une *hilarité générale*.

— Vous me rappelez absolument, disait-il à la gauche, dans son discours du 23 octobre 1886 contre la laïcisation du personnel de l'enseignement primaire, vous me rappelez ce Trappiste de Bellefontaine, qui disait lors de l'expulsion de 1880 :

— Mais qu'est-ce que nous avons fait à ce malheureux Louis-Philippe pour qu'il nous expulse de notre monastère?

Le saint homme se croyait encore sous le règne de Louis-Philippe.

(1) Citons-en quelques-unes, pour donner une idée de la variété et de la fécondité de ce beau talent. Interpellations sur : l'expulsion des Jésuites et des Bénédictins de Solesmes, contre la gratuité de l'enseignement, la suppression de l'inamovibilité de la magistrature; contre les impôts des communautés religieuses, contre l'obligation et la laïcisation de l'enseignement primaire, la liberté illimitée de la presse, la promiscuité des cimetières: contre le projet de loi obligeant les ecclésiastiques au service militaire, sur les droits du clergé en matière électorale, contre les enterrements civils, contre l'abrogation du Concordat et la suppression de notre ambassade au Vatican ; sur le monopole des pompes funèbres, sur la loi d'expulsion des membres des familles ayant régné sur la France, sur la qualification de fonctionnaire appliquée aux évêques, sur les expéditions du Tonkin, de Madagascar, le recrutement de l'armée, le divorce, les menées épiscopales, les récidivistes, les aumôniers militaires, la station d'Obock, etc..., etc...

Un autre jour, Mgr Freppel s'écriait :

— Le Sénat sur la proposition de M. Isaac, *un nom prédestiné*, semble-t-il, *aux grandes immolations ;* — ou bien il suppliait les vénérables questeurs de mettre à profit la maturité de leur âge pour songer à terminer leurs études.

Une fois qu'il parlait de la politique coloniale, l'évêque d'Angers s'adressait à M. Georges Périn :

— Je fais une exception pour vous, monsieur Périn, car personne n'ignore que, parce que vous avez eu la bonne fortune de faire le tour du monde, vous entendez que chacun reste chez soi.

Lorsque M. Goblet forma son ministère des débris du ministère précédent :

— Il a suffi, dit Mgr Freppel, à l'honorable M. Goblet et à ses collègues de l'ancien ministère, de boire de l'eau de cette merveilleuse fontaine de Jouvence qui coule à l'Élysée pour le rajeunissement des vieillards et des vieilles choses.... On pourrait dire, il est vrai, que la tête n'y est plus. Et, en effet, par une opération, dont je ne conteste pas l'habileté au point de vue de la chirurgie parlementaire, on a pris un bras pour en faire une tête....

Il n'est jamais arrivé au fécond orateur de se trouver à court de « moyens. »

En 1885, la Chambre des députés touchait au terme de sa législature quand une loi, votée au Sénat, était pendante devant elle, loi qui interdisait le cumul du mandat législatif avec certaines fonctions, parmi lesquelles celles d'évêques, les évêques étant considérés comme fonctionnaires. Mgr Freppel ne voulait pas que cette loi vînt en discussion, persuadé que la Chambre la voterait pour l'exclure. Or, on avait hâte d'en finir avec une loi militaire, la loi sur l'état-major. Que fit l'évêque d'Angers? Il fit l'obstruction à lui seul. Il parla sur tous les articles. Il parla cinquante heures, soixante heures, quatre-vingts heures. Il parla sur le déclassement d'une forteresse de dixième ordre, d'une bicoque en Algérie, ou bien contre son déclassement. L'impatience s'empara de la Chambre : elle se hâta de voter, on se hâta de la dissoudre, et la loi sur les incompatibilités fut enterrée du même coup. C'était un véritable tour de force parlementaire. Ainsi Mgr Freppel représentait toujours la circonscription de Brest à la Chambre.

Un journal du boulevard, peu sympathique à l'évêque-député, a raconté comment, plus d'une fois, il fit preuve d'esprit, de bonne humeur. Dans les couloirs, l'évêque ne craignait pas d'aborder les plus ardents de ses adversaires, de les gagner par sa courtoisie, de les charmer par ses anecdotes racontées entre des prises de tabac et un petit verre.

Un jour, Clovis Hugues le tutoya, l'appelant mon vieil évêque, et Mgr Freppel fut le premier à rire de la familiarité du député de Marseille. Celui-ci dès lors ne le quittait guère, ni Douville-Maillefeu, ni le vieux député Vergnes. Aussi le prélat a-t-il laissé le souvenir du collègue le plus aimable et le plus obligeant chez tous les députés sans distinction de parti et d'opinion politique. C'est ainsi que Alfred Naquet eut à diverses reprises besoin de recommander différentes personnes pour un orphelinat catholique, et l'évêque d'Angers se mit, avec la meilleure grâce du monde, à la disposition de l'apôtre du divorce.

Souvent on vit Mgr Freppel et M. Clémenceau s'entretenir amicalement dans la salle des conférences. Pour le salon de la Paix, l'évêque le fuyait, car il redoutait les *interviews* et les journalistes. C'est que, comme dut l'avouer avec raison un journal interprète de M. Goblet :

« Mgr Freppel valait par ses vertus, dont on ne parlait pas, autant que par ses mérites qui firent grand bruit dans le monde. Le chroniqueur, pour éloigné qu'il soit des opinions défendues par le vénérable prélat, a le devoir de saluer un prêtre qui fut un savant et aimable caractère. Il avait su s'imposer par sa belle humeur, par les railleries d'un esprit affiné, par sa courtoisie. On goûtait dans ses discours, d'où le ton sacerdotal était banni, la sévérité de la méthode, l'imprévu des aperçus, la vaillance de l'esprit, et surtout la belle langue française qu'il parlait.

» Que ses discours *portent*, comme on dit, sur la Chambre ou ne *portent* pas, écrivait un critique délicat, ce n'est point là la question. L'auditoire à la Chambre est tellement factice et artificiel ! Mais lisez-les et relisez-les, vous y découvrirez un orateur parlementaire de premier ordre.... Vous y verrez un dialecticien remarquable, servi par une vaste érudition, par une facilité d'assimilation prodigieuse, par une rare capacité de travail, par une mémoire prodigieuse et infatigable, par beaucoup de bon sens, de trait et de belle humeur. »

Après tant de travaux et de luttes pour la défense de l'Église et des vrais intérêts de la France, un jour allait venir où, avec la tristesse de ne pouvoir améliorer la situation sociale et religieuse, la lassitude apparut sur cette mâle physionomie. La haute stature du grand orateur se courba sous les atteintes d'un mal implacable, conséquence de son ardeur au travail. Ses intimes furent effrayés des ravages de la maladie. M. de Mun le constatait en ces termes dans une lettre à M. Pinier, écrite après la mort du prélat.

« A la fin des douloureuses séances du 11 et du 12 décembre, comme je le voyais épuisé, à demi courbé, la souffrance, presque la mort sur le visage, et s'apprêtant cependant à prendre la parole, à une heure où il était évident que la Chambre énervée ne voudrait pas l'entendre, je le pressais de s'épargner cette fatigue ; et je n'oublierai jamais de quel ton, de quel accent ému par le sentiment du devoir accepté, il me répondit :

» — Il faut que je parle quand même ; je dois faire ce discours pour l'Église et pour le clergé.

» Et à un autre qui, s'effrayant aussi, lui parlait de sa santé, des conseils de son médecin, il disait le pied sur les marches de la tribune :

» — Sans doute, cela me fatiguera beaucoup; mais il le faut ! Quand je devrais mourir dans les huit jours, il faut que je parle !

» C'était le 12 : il est mort le 22. Dans l'intervalle, le 17, je crois, il était encore à son poste, et surpris par la nouvelle d'une proposition sur la comptabilité des fabriques, qu'on allait joindre à une loi de finance, il trouva encore la force de parler (1).

» Cinq jours après, il n'était plus. »

Voilà sa dernière leçon, et c'est par là, plus encore que par son éloquence, par son savoir, par la puissance irrésistible de sa dialectique, par toutes les qualités de son esprit, qu'il est et restera le grand évêque. C'était vraiment un prêtre et un évêque : *ecce sacerdos magnus.*

Mais encore, sont-ce là des vertus que tout le monde lui connaissait : il en avait d'autres et de plus cachées. C'est aux petits et aux humbles, qu'il faudrait demander d'en livrer le secret : c'est dans ses œuvres intimes qu'il faut le chercher. J'ai reçu des confidences que je ne dois pas trahir, mais dont je puis dire qu'elles sont le témoignage le plus éloquent de sa bonté et de sa charité.

« On dira de lui, ajoute M. Delahaye (2), comme de tous les grands lutteurs, qu'il est mort sur le rempart confié à sa garde. On louera dignement son talent, sa vertu; mais on ne

(1) L'évêque d'Angers, dit M. Delahaye, descendit de la tribune, les traits contractés, il succombait à la fatigue. Les plus tristes pressentiments m'envahirent. Je l'abordai néanmoins : « Ce n'est pas pour eux que j'ai parlé, me répondit-il, c'est pour le pays. Quand vous aurez un devoir à remplir à la tribune, mon cher ami, ne vous laissez jamais décourager par leur hostilité ou leur apparente indifférence : le pays vous entendra. N'oubliez pas que c'est à lui, rien qu'à lui que nous devons nous adresser et que nous ne devons jamais nous lasser de lui parler. » Tels furent les derniers conseils que j'ai reçus de lui. Il partit pour Angers quelques jours après et je ne le revis plus.

(2) *Journal d'Indre-et-Loire.*

louera jamais assez sa bonté, son désintéressement, sa charité. Il donnait tout ce qu'il avait et vécut pauvre, ne laissant qu'une assurance sur la vie, destinée à payer ses dettes contractées pour toutes les œuvres de son diocèse. Rude et brusque au premier abord il était d'une délicatesse, extrême, j'allais dire d'une tendresse de cœur, d'une fidélité à ses amis que ne pourront oublier ceux qui l'ont pratiqué dans l'intimité. »

« Le coup terrible, a dit M. de Mun (1), qui frappe la famille épiscopale de Mgr Freppel atteint au cœur tous les catholiques dont l'illustre évêque était l'intrépide et l'infatigable défenseur. Mais nul, j'ose le dire, ne le ressent plus vivement que moi, qui, depuis dix ans, assis à ses côtés sur ce banc, où si souvent, il est revenu de la tribune en triomphateur, étais le témoin quotidien de sa vie publique.

» Ce n'est pas en un jour qu'on mesurera dans toute son étendue le vide qu'il laisse au milieu de nous : c'est peu à peu, lorsque surgiront encore toutes ces discussions pour lesquelles on avait pris l'habitude de se reposer sur lui, le sachant toujours prêt d'esprit et de corps, toujours dispos, toujours armé. Et je ne parle pas seulement des questions religieuses : il était au courant de toutes les autres ; non pas superficiellement, mais à fond. C'était un esprit universel, servi par une promptitude d'intelligence et une certitude de mémoire vraiment extraordinaires. Il savait presque tout, et il aspirait à tout savoir.

» Un jour, me rendant chez lui pour le consulter, je le trouvai environné d'ouvrages sur la fortification et la défense des places, et pendant deux heures, il me tint sur ce sujet, discutant les systèmes et les méthodes, avec la précision d'un mathématicien et l'ardeur patriotique d'un soldat. Une autre fois, je lui demandai qu'elle était l'objet actuel de ses études, en dehors de ses occupations ordinaires, et il me dit qu'il

(1) Lettre à M. Pinier.

s'appliquait tout entier à la démonstration du *postulatum d'Euclide ;* que c'était une honte pour la science de ne l'avoir pas encore établie. Nous l'avons entendu à la tribune, et dans les conversations de couloirs, parler en maître de tous les sujets, également fort en droit ecclésiastique et en droit civil, en jurisprudence et en doctrine. Que de fois, dans ces discussions sur la politique coloniale, où il a déployé tant de courage et de talent, avec un sentiment si vrai de la grandeur nationale, il nous a surpris par la connaissance parfaite de la géographie des contrées les plus lointaines, et sa mémoire imperturbable des noms les plus barbares de l'Océan indien ou de la mer de Chine ! Et, quel sujet d'admiration, alors, quand nous songions que cet orateur parlementaire prêt à tous les débats, avait dans son passé, vingt années d'enseignement littéraire et théologique, qui eussent suffi à illustrer son nom, et ajoutait, dans le présent, au fardeau de cette vie publique si remplie, la charge pesante d'un diocèse qu'il gouvernait sans un seul instant d'abandon, et d'œuvres multiples qu'il soutenait par son énergique activité.

» Ce n'était là, pourtant, qu'un côté, qu'une face de ce grand caractère. Pour les catholiques, ce qui le distinguait avant tout, ce qui valait à Mgr Freppel la reconnaissance de tous, l'enthousiaste affection du clergé, de tous ces prêtres de campagne que j'ai vus, si souvent frémir d'admiration à son nom, c'était le dévouement sans bornes qu'on lui savait pour l'Église, et qu'on lui voyait prodiguer à sa défense. Tandis que s'accomplissait contre elle l'œuvre néfaste de ces dix dernières années, il s'est tenu constamment sur la brèche, disputant chaque position pied à pied, au prix d'une lutte acharnée. Et c'est sur cette brèche qu'il est mort ! »

La nouvelle de sa mort a produit dans tout le pays, et dans la Chambre surtout, une profonde émotion. A gauche comme à droite, impies, indifférents, ou catholiques, tous ont compris que ce n'était pas seulement un grand évêque qui venait de disparaître, mais aussi un grand Français d'Alsace-Lorraine, c'est-à-dire un grand caractère et un noble cœur, défenseur de toutes les belles causes, chères à tout vrai Français. Et dans un temps comme le nôtre, en face d'un avenir si obscur et si plein de dangers, les grands cœurs et les caractères chrétiennement trempés, comme celui du courageux et savant évêque d'Angers, semblent encore plus nécessaires que le génie lui-même.

GAGARIN

PRINCE, DIPLOMATE, RELIGIEUX.

(1814 — 1882)

> « Le prince Gargarin devenu catholique ne perdit rien de son enjouement et de son spirituel entrain. »   (de MELUN.)

Le prince Gagarin fut un noble caractère, un grand cœur et une intelligence d'élite. Né à Moscou, dans le schisme russe, il entra jeune encore dans la diplomatie et fit partie de l'ambassade de Russie à Paris. D'un extérieur séduisant, d'une conversation savante et spirituelle, il fut un des habitués les plus assidus et les plus recherchés du salon de Mme Swetchine, sa parente, où se réunissaient plusieurs nobles russes et d'ardents catholiques français. Le prince Gagarin s'était lié d'amitié avec le P. de Ravignan. M. de Melun le connut d'une manière intime et nous en parle en ces termes dans ses Mémoires :

« Je rencontrai, dans le salon de M. Swetchine, un jeune secrétaire de l'ambassade russe, son parent par alliance, qui, par la distinction de toute sa personne, l'étendue et la vivacité de son esprit, avait les plus grands succès dans le monde politique et aristocratique. C'était pour nous un plaisir de l'entendre nous initier à la vie de cette société diplomatique que nous ignorions, et de ce monde officiel de la cour de Louis-Philippe qui n'était pas le nôtre.

Qu'il nous racontât un de ses entretiens avec Thiers ou Guizot, une séance à la Chambre, un conseil des Ministres où une fête à la cour; qu'il nous rendît compte d'un livre, d'un drame, d'un opéra, d'une thèse littéraire, d'une séance de réception à l'Académie ou d'un projet de loi, Gagarin était sûr de nous intéresser. Il excellait dans les récits, et nous ne doutions pas que ses aptitudes variées, plus encore que son grand nom et le rang de sa famille, ne l'appelassent aux premières places dans la diplomatie et le gouvernement de son pays.

Quelle ne fut donc pas notre surprise quand, un jour, nous apprîmes que, quittant la religion de son pays et de son empereur, renonçant à sa carrière et à ses espérances, il venait d'entrer dans la religion catholique.

Devenu catholique, le prince ne perdit rien de son enjouement et de son spirituel entrain. Seulement, son entretien se tourna vers des sujets de plus en plus élevés; nous sentions que son ardente foi ne s'arrêterait pas là et que de grandes grâces le poussaient à de hautes destinées religieuses. »

L'abjuration du jeune diplomate eut lieu à Paris le 19 avril 1842. Celle de son compatriote, le comte Schouvaloff, alors encore égaré dans la mondanité et l'incrédulité, mais devenu bientôt un des habitués du salon de Mme Swetchine, ne devait pas tarder longtemps, grâce au zèle du vicomte de Melun. En renonçant aux erreurs de ses pères, le prince Gagarin avait encouru la colère de son souverain, ce qu'il n'ignorait pas, et du même coup avait brisé son avenir, renoncé à tous les avantages temporels que lui assuraient la haute position de sa famille et ses qualités personnelles. Au point de vue humain, cette conversion pouvait paraître une folie; mais au vrai point de vue, celui qu'envisageait le converti et auquel seul il attachait de l'importance, c'était pour lui un rare bonheur. Nous l'entendrons prochainement nous exprimer sa joie.

« Un jour, poursuivit M. Armand de Melun, que je

rencontrai le prince dans les Champs-Élysées, me prenant le bras il me demanda de faire quelques pas de promenade avec lui. Là, m'ouvrant son cœur, il m'avoua qu'aspirant à une vie plus parfaite, il avait résolu de se donner tout à Dieu, non-seulement dans le sacerdoce, mais dans la vie religieuse.

« — Et quel ordre préférez-vous? — La Compagnie de Jésus. — Jésuite!... me récriai-je, (j'avoue qu'à cette époque, tout en reconnaissant le bien que font ces Pères, j'étais saisi des préventions qui devaient paralyser partout leur ministère) : Puisque vous avez en vue, en vous faisant religieux, de travailler à la conversion de votre pays, un autre ordre moins suspect, moins odieux à la Russie ne servirait-il pas mieux vos intentions ?

» Nous passâmes plus d'une heure à débattre cette question. En me quittant, Gagarin me remercia de mes conseils ; mais quelques jours après, j'appris qu'il venait d'entrer au noviciat de la Société de Jésus. En le voyant ensuite, ouvrier aposto-lique, toujours la main à la charrue, labourer incessamment ce sol de sa patrie dans lequel il devait semer le bon grain de la foi, je le félicitais secrètement de n'avoir pas tenu compte de mes avis. »

Quelque temps après, dans la ferveur de son noviciat et dans l'enthousiasme de son heureuse rencontre avec la vérité et la religion, le prince écrivait à M. de Melun :

« Votre bon souvenir et les paroles d'amitié que vous m'avez adressées du milieu de votre vie si utilement occupée m'ont vivement touché et m'ont rappelé le temps où, dans nos longues conversations, je me laissais aller aux transports de la vérité qui commençait alors à verser sur moi ses admi-rables clartés. Depuis que j'ai rompu avec l'erreur, je n'ai jamais pu vous parler confidemment, et je cède à un besoin de mon cœur, en vous disant que vos conversations ont plus con-tribué que vous ne le pensez peut-être à me faire avancer dans la voie merveilleuse par laquelle Dieu m'a conduit.... C'est dans ce passage du visible à l'invisible, du monde extérieur au monde intérieur, sur cette limite placée entre le ciel et la terre, dans cette préparation humaine à la vraie foi, que votre pensée grave, lumineuse, réfléchie et toute pénétrée des enseignements de la foi est venue me saisir et exercer sur la mienne une bienfaisante influence. »

Cette lettre prouve assez la part considérable qu'eut M. de Melun dans cette conversion si entière. Le néophyte exprime ensuite tout son bonheur :

— Je suis heureux, je suis dans une voie d'heureuses déceptions. Quand je me trouvais enfin enfant de la sainte Église catholique, je croyais ne pouvoir plus rencontrer sur la terre un nouveau bonheur semblable à celui-là, et il me semblait qu'après celui de faire partie de l'Église militante sur la terre, il n'y avait plus à espérer que celui de faire partie de l'Église triomphante dans le ciel. Et cependant il m'était encore réservé de connaître le bonheur de la vie religieuse. Là encore, j'ai cru qu'il n'y avait rien au delà, et voici que déjà j'entrevois le sacerdoce, et, s'il plaît à Dieu, la carrière apostolique, comme de nouveaux horizons qui dépassent les anciens. Cette munificence inépuisable de Dieu sur la terre, dans la vie de la foi et de la grâce, m'aide à comprendre la générosité infinie avec laquelle il nous traitera dans la gloire... Oui, je suis heureux, et j'éprouve le besoin de le dire. Combien d'âmes dans le monde qui ignorent ce bonheur obscur et caché qu'ils coudoient chaque jour ! Dans les premiers moments de mon noviciat, j'avais peine à comprendre comment la vie religieuse et la vie du monde trouvent place sur la même planète, et comment extérieurement une si petite distance les sépare l'une de l'autre. »

Son noviciat terminé, le P. Gagarin occupa la chaire d'histoire au collège de Brugelettes et devint plus tard professeur à Laval. Puis il fut envoyé à Paris, où on l'attacha à la maison de la rue de Sèvres.

Le P. Gargarin n'assista pas à l'exécution des décrets infâmes. A l'heure où était violé le pieux asile de la rue de Sèvres, il soignait à Évian sa santé chancelante. Le cœur brisé par ces tristes événements, le vénérable religieux se réfugia en Belgique, séjourna quelques semaines à Lausanne, et rentra à Paris, où M. le comte de Vassart mit à sa disposition un appartement dans sa maison de la rue de Rivoli. C'est là que le bon Père Gagarin a vécu les derniers jours de sa vie, en compagnie de son compatriote le P. Balabine; c'est là qu'il s'est endormi dans la paix du Seigneur.

Le regretté défunt a laissé plusieurs ouvrages de critique historique; il a contribué à la fondation des *Études historiques et religieuses*, où il a écrit nombre d'articles remarquables. Son zèle pour le salut de ses compatriotes l'avait poussé, en 1855, à fonder, avec deux autres Pères d'origine russe, l'œuvre de Saint-Cyrille-et-Saint-Méthode, dont le but est d'amener l'union de l'Église gréco-russe et de l'Église romaine.

Ceux qui ont connu le R. P. Gagarin conserveront toujours le souvenir de cet homme aimable, pieux et spirituel.

LAPRADE (Victor de)

POÈTE, DÉPUTÉ, DE L'ACADÉMIE FRANÇAISE.

(1812 — 1883)

> « C'est Dieu, toujours Dieu qu'il adore dans la nature… Il devient un véritable prêtre de la parole chantée. »
>
> (F. Coppée, *de l'Académie.*)

Victor de Laprade est né dans une de ces familles où la foi religieuse, dit M. Nettement, les mœurs simples et graves, l'autorité paternelle, la piété filiale ont résisté aux nouveautés modernes. Un volume de ses poésies est dédié à sa mère, un autre à son père. Ainsi ses premières offrandes intellectuelles ont été déposées sur les autels domestiques.

Chose remarquable! comme Chateaubriand, Lamartine et
V. Hugo, ce poète chrétien a vu l'idéal lui apparaître d'abord
sous les traits d'une mère. Sa mère! elle remplit ses vers
parce qu'elle remplit son cœur.

> « Vos jours pleins de travail, austères, soucieux;
> Hors l'amour de nous tous n'ont jamais vu de fête,
> Mais vous aurez aussi, ma mère, je le veux,
> Du soleil et des fleurs autour de votre tête. »

Cette mère pieuse avait déposé dans son cœur le grain de
sénevé qui devient le grand arbre de l'Évangile. Comme toutes
les vives intelligences, comme tous les cœurs ardents, il pourra
céder quelquefois aux idées, aux passions du siècle, mais la
douce influence des enseignements et surtout des exemples
maternels doit rasséréner son âme. Il l'avoue ainsi :

> « Des périlleux sentiers si je sors triomphant,
> C'est que mon cœur, toujours docile à vos prières,
> Reste en vos douces mains et chérit vos lisières,
> O ma mère! et qu'enfin je reste votre enfant. »

Au bonheur d'avoir une mère chrétienne, le poète joint celui
d'avoir un père tel que l'Écriture le représente, homme au
cœur simple, droit, intrépide et fort, dont les exemples sont
comme un phare, la vie un drapeau. Le jeune de Laprade a
respiré cette atmosphère saine et pure d'un foyer domestique
où règnent la probité, le désintéressement, la loyauté antique
et l'honneur, aussi salubre pour les jeunes âmes que l'air pur
et la lumière pour les plantes. Jamais au foyer de la famille il
n'a vu l'intérêt préféré au devoir, le triomphe du mal accepté
au préjudice de la justice vaincue. Tandis que sa mère l'initiait
à ces vertus religieuses qui sont la racine et le support de
toutes les autres, son père devait l'initier aux devoirs sociaux.

Né à Montbrison en 1812, Victor de Laprade était fils d'un
médecin distingué. Nous aimerions à indiquer ses débuts, à le
montrer écolier du lycée de Lyon, disciple aimé de l'abbé

VICTOR DE LAPRADE
MEMBRE DE L'ACADÉMIE FRANÇAISE

Noirot; le fameux professeur de philosophie ; puis avocat malgré lui, subissant les dégoûts de la procédure, ses adieux définitifs à la plaidoierie et son coup d'éclat poétique ; les salons de Paris ouverts et d'illustres amitiés offertes à l'auteur de *Psyché* ; M. de Salvandy l'appelant dans l'Université ; enfin sa carrière de professeur à la Faculté de Lyon, mêlée et traversée par la politique ; sa disgrâce sous l'Empire et après la guerre contre l'Allemagne ; son élection à l'Assemblée de 1871. Mais la brièveté de cette esquisse est un obstacle à ces développements que M. François Coppée, son successeur à l'Académie, a voulu redire, le 18 décembre 1884, à cette docte assemblée.

Ces pages sont consacrées uniquement à l'œuvre poétique de Laprade et aux sentiments qui l'ont inspirée.

Son œuvre poétique fut expressément chrétienne, et dans son point de départ et dans son terme : *Les parfums de Madeleine*, *Deo optimo maximo*, sa muse a toujours chanté Dieu.

« C'est Dieu, a dit M. Coppée, toujours Dieu qu'il adore dans la nature ; il garde pour elle le même ardent amour, mais sous toutes ses apparences, il ne cesse de voir distinctement l'idéal divin ; il lui emprunte des symboles, mais à l'imitation de *Celui* qui parlait si délicieusement, sur la montagne, des lis, des champs et des oiseaux du ciel. Il prête une voix aux glaciers et aux torrents, il anime les chênes et les roses ; mais toute cette symphonie n'éclate que pour la plus grande gloire du Maître, vivant et créateur, et monte tout droit vers le ciel !... Il devient, selon la belle expression de Lamartine, un véritable prêtre de la parole chantée.

» Le mot Dieu est celui qui sort le plus souvent de sa plume, et dans ses vers harmonieux et limpide le Nom sacré retentit sans cesse. »

Profondément attaché à ses convictions religieuses, de Laprade n'avait pas été sans partager les espérances que faisait naître la révolution de Février, et fut de ceux qu'assombrit le coup d'État du 2 décembre. D'abord il cacha son antipathie pour le nouveau régime; mais vers 1860, quand les conséquences de la guerre d'Italie inquiétèrent avec raison les catholiques, il osa publier quelques satires dont l'une *les Muses d'État*, le fit destituer de ses fonctions à la Faculté.

L'émotion fut grande dans le monde politique et littéraire, la fonction de professeur de Faculté étant considérée jusque-là comme à peu près inamovible.

Le professeur révoqué supporta d'ailleurs noblement et fièrement sa disgrâce. Mais le coup n'en fut pas moins cruel, car il diminuait les modestes ressources du professeur et l'atteignait dans ses besoins de père de famille. Puis il se remit au travail avec plus d'ardeur et fit paraître successivement plusieurs volumes de prose et de poésies : *Questions d'art et de morale*; *Voix du silence*; *le Sentiment de la nature avant le christianisme*; *le Sentiment de la nature chez les modernes*, et le poème de *Pernette*.

» Les thèses de M. de Laprade, dit M. Talon dans le *Polybiblion*, en matière d'art et surtout d'éducation sont fort discutables et ont été très discutées ; ses poèmes furent mieux reçus, et les *Voix du silence* en particulier témoignent d'une variété d'inspiration qu'on ne soupçonnait pas chez le poète de *Psyché*. *Pernette* aussi fut beaucoup admiré. »

Élu député en 1871, de Laprade se trouva bientôt dépaysé dans ce milieu parlementaire, qui convenait si peu à sa nature méditative et amie de la solitude, et deux ans après il donnait sa démission. C'est à cette date que furent publiés ses : *Poèmes civiques*, recueil de satires poétiques et de poésies patriotiques, ces dernières très éloquentes et inspirées par le plus ardent patriotisme. *Tribuns et courtisans* : c'est aussi de la poésie politique, mais où la satire revêt la forme d'une fine comédie. *Le livre d'un père* a heureusement couronné cette belle carrière poétique, et c'est avec raison qu'on l'a signalé comme « l'un des meilleurs ouvrages et l'une des meilleures actions de ce poète, homme de bien. »

Il faut avouer qu'à son entrée dans la vie sociale, de Laprade fut tenté par le côté généreux des utopies de ce siècle ; il parut même avoir cette tendance au panthéisme, commune vers cette époque, à plusieurs poètes de grand talent. Ce n'est pas qu'il ne s'en défende avec quelque dédain : « Le reproche du panthéisme est devenu une de ces banalités qui circulent des lèvres les plus épaisses aux bouches les plus charmantes. Un peu de sympathie pour la nature, une douce volupté à se pénétrer de ses harmonies, quelque tendance à envelopper la pensée des images vivantes dont Dieu a revêtu les idées semées dans la matière, tous ces symptômes ont paru suspects. A ce compte, c'est la poésie tout entière qu'il faut accuser de panthéisme, car dans la poésie tout s'accomplit comme dans la nature elle-même. La poésie est une œuvre de l'homme, dans laquelle comme dans la nature, poésie de Dieu, la pensée se produit nécessairement incarnée dans la forme et la couleur (1). »

« Dans la première phase de son talent, le poète est livré à toutes les illusions qui dérivent, de plus ou moins loin, du panthéisme. Il croit au progrès indéfini des sociétés humaines, à la disparition complète du mal à la fin des temps. » « Nous n'hésitons pas, dit M. Nettement, à dire que cet état Psychologique était un état morbide, qui affaiblissait chez Victor de Laprade ce que nous osons appeler *la santé de l'intelligence.* »

Mais combien le poète n'est-il pas supérieur dans la seconde phase de son talent, où sa pensée plus mûre et sa raison plus sobre lui permettent de s'élever jusqu'aux sommets les plus élevés de la pensée chrétienne, où sa voix atteint souvent les purs accents de la prière. Ecoutons-le :

> « Alors tu parleras, voix de la vieille Église,
> Voix comprise de tous comme un appel divin,
> Et tu m'éveilleras, et mon âme indécise
> S'arrachant au désert, prendra le vrai chemin.

(1) M. Nettement.

> Et je n'entendrai plus la sirène énervante
> Qui chante avec le vent, les rameaux, le flot bleu;
> Un plus ferme conseil m'arrêtant sur la pente,
> Je me rapprocherai des hommes et de Dieu. »

Les *Poèmes évangéliques* représentent cette date importante dans l'histoire de l'âme du poète : celle de l'époque où, revenu des premières illusions de sa jeunesse et de la fausse sagesse de ce siècle, il s'élève à l'idéal divin que sa mère lui avait montré jadis. On sent circuler dans ces poésies une sève de foi qui révèle l'élan d'une âme revenant à la religion avec toute l'énergie qu'inspire l'erreur à ceux qui, comme lui, viennent d'en éprouver le néant.

Le poète, dont la mémoire est remplie des divines beautés de l'Évangile qu'il a lues et méditées, les raconte et les commente dans des chants où palpitent les émotions d'un cœur calme et apaisé.

Ces poèmes sont un acte de foi et de respect. Aussi de Laprade fut-il toujours un poète éminemment spiritualiste et chrétien. Ces sentiments de foi devinrent de plus en plus vifs à mesure qu'approchait le terme de sa carrière ; et quand la mort vint le frapper à l'âge de soixante-et-onze ans, le généreux chrétien s'entoura de tous les secours de la religion, et voulut rendre publique la manifestation de ses convictions. Il écrivit au *Mémorial de la Loire* la lettre suivante :

« Monsieur et cher Directeur,

» Vous savez sans doute que je suis moribond, et que, suivant le noble et touchant usage de l'Académie française, j'ai reçu, en cette qualité, la visite de notre évêque, Mgr Caverot.

» Ces visites portent souvent d'excellents fruits. Elles rappellent à quelques membres de l'Académie des sentiments chrétiens qu'ils ont quelquefois un peu oubliés, et les amènent à faire une bonne et sainte mort.

» Je n'avais pas besoin de la présence de mon pasteur bien-
aimé pour désirer de mourir en étroite union avec l'Église de
Jésus-Christ, mais sa parole m'a profondément consolé et en-
couragé pour ce moment redoutable.

» Veuillez le dire à mes chers compatriotes à qui vous
parlez si souvent de moi avec tant de bienveillance.

> » *Le vieux poète forézien,*
>
> » V. DE LAPRADE. »

Cet acte public montre bien la fermeté de la foi de ce
chrétien, plein de fierté de cœur, de grandeur et de générosité
dans son âme. Dans la seconde phase de sa vie, catholique des
plus zélés, il avait été longtemps membre de la confrérie du
Saint-Sacrement à la paroisse d'Ainay. Il obéissait ainsi à ses
convictions et à sa piété sincères.

Combien de fois Laprade a gémi sur les tendances antireli-
gieuses de la majorité de la jeunesse française et sur les conséquences fatales que ces tendances avaient pour la société,
s'indignant à bon droit contre cette jeunesse orgueilleuse dont
la demi-science constitue un véritable danger public ! Cette
pensée attristait sa foi.

Terminons par ces paroles de M. Talon. « Avec M. de Laprade, la France a perdu certainement l'un des poètes qui l'ont
le plus honorée. »

LAURENTIE

PUBLICISTE, INSPECTEUR GÉNÉRAL DE L'ENSEIGNEMENT.

(1793 — 1876)

> « Il est mort plein d'honneur, de vertus et
> d'années, dans la double majesté de la foi qu'il
> a défendue jusqu'au dernier jour. »
>
> (L. VEUILLOT.)

Saluons en passant le nom de ce vaillant lutteur, chrétien
énergique, courageux défenseur des principes politiques qui ont

été la règle constante de sa conduite comme l'honneur de sa vie. Bon catholique, il a été mêlé à toutes les luttes religieuses de la Restauration, et à ce titre il mérite ici une mention particulière.

Il était né, dit M. de Grandmaison, dans la petite ville *libre* ou *royale* du Houga, près d'Auch, le 21 janvier 1793, le jour même de la mort du roi Louis XVI, comme le comte de Chambord le rappelait dans la lettre qu'il lui adressa à l'occasion de son quatre-vingt-unième anniversaire.

Dans les *Souvenirs* inédits, laissés par lui, sont rapportées ainsi les premières impressions de son enfance :

« Ma mère était une femme de grand sens et de grand esprit, je lui dois le peu que je suis ; elle épuisa les restes d'une petite fortune pour me donner de l'éducation, elle eut le bonheur d'être en cela secondée par un prêtre dont je dois dire le nom avec amour : l'abbé Jourdan, qui dirigeait le petit collège de Saint-Séver, dans les Landes.

J'entrai au collège le 4 novembre 1806. Je savais un peu de latin, on me mit en troisième et on disait que j'étais *fort*.

L'abbé Jourdan fut mon maître dans toutes les classes. L'Université s'était ouverte à moi comme un asile. En 1811, je figurais dans ses cadres comme régent de quatrième, en 1815, comme professeur de rhétorique. J'avais fait des discours, des odes, des tragédies ; les inspecteurs généraux m'avaient laissé croire que cela était beau ; mon bon abbé Jourdan me le laissait croire comme eux. Il arriva de là que je lui échappai et m'en allai à Paris. »

Lors des événements de 1814, la logique de son esprit, le bon sens de sa raison lui firent acclamer le retour des Bourbons. « Alors, dit-il, il se fit dans mon imagination une véritable tempête d'idées indéfinies, j'étais dans une exaltation extrême, le royalisme naquit en moi comme une inspiration. »

Une ode à la duchesse d'Angoulême et son entrée dans le corps des volontaires royaux furent les premiers gages donnés à la cause qu'il allait défendre désormais.

En 1816, il partait pour Paris avec une lettre de recommandation pour M. Lainé ; celui-ci le mit en relation avec Michaud, directeur de la *Quotidienne*. Il entra comme professeur de rhétorique dans l'importante maison d'éducation dirigée par l'abbé Liautard et devint répétiteur du cours d'histoire et belles-lettres à l'École polytechnique.

Présenté au P. Ronsin, il fut reçu congréganiste en 1817.

Après quelques articles dans *l'Ami de la Religion*, que lui avait demandés son directeur, M. Picot, il entra au journal *la Quotidienne*, qui était la tribune du plus pur royalisme.

Le nouveau préfet de police, M. de Lavau, appela bientôt auprès de lui Sébastien Laurentie et lui confia le « bureau des théâtres et de la presse. » Cette situation d'employé convenait peu au jeune homme, qui, trois mois après, donnait sa démission pour redevenir journaliste, jusqu'au jour où un poste d'inspecteur général des études, lui permit de prendre une part directe aux questions d'enseignement, dans lesquelles il passa bientôt maître.

La fermeté de ses convictions religieuses, se faisant jour dans différents travaux historiques, lui valut de nombreuses attaques de la part des libéraux ; l'ardeur des polémiques ministérielles d'alors lui créa des adversaires parmi les royalistes. Ce fut pour son bonheur qu'il soutint un procès contre M. de Corbière, ministre de l'intérieur, mais il fut moins bien inspiré en participant à la campagne conduite par Chateaubriand ; lui-même a regretté cet excès, et l'historien a vu de plus haut que le journaliste le jour où il a écrit: « Alors éclata une opposition étrange ; celle du parti royaliste emporté par la colère de Chateaubriand et se substituant aux passions du parti révolutionnaire. Ce dernier n'eut qu'à laisser les royalistes faire son œuvre de destruction. »

Une conséquence nécessaire de cette opposition de M. Laurentie fut la perte de son emploi d'inspecteur des études. Mais il n'en eut souci, car il portait partout, même en ses erreurs passagères, le désintéressement d'un noble cœur.

Libre envers le gouvernement, il voulait lui éviter ce qu'il considérait avec raison comme de lourdes fautes ; il combattit contre le monopole universitaire, et se rangea, des premiers, parmi les défenseurs des droits de l'épiscopat pour la direction des Petits Séminaires. Il ne se contente pas de protester énergiquement dans la presse. Affirmer et défendre théoriquement la liberté d'enseignement ne lui suffit pas ; il prend l'initiative de la mise en pratique de cette précieuse liberté. Les décrets constitutifs de l'Université impériale ont laissé subsister quatre établissements anciens : Pont-Levoy, Vendôme, Juilly, Sorèze ; il veut que les catholiques s'en emparent, et lui-même, pour le rouvrir, achète Pont-Levoy.

« Catholique et royaliste, ajoute ici M. de Grandmaison, M. Laurentie ne voulut jamais séparer les deux causes ; ultramontain déclaré, ami de Lamennais sous la Restauration, il ne prit point place, plus tard, dans le groupe d'hommes éminents qui formaient le parti catholique : il ne les trouvait pas assez *bourbonniens*, et sa foi royaliste se révoltait de l'indifférence professée sur ce point par Montalembert et ses amis en politique (1).

» Cette indépendance, M. Laurentie l'a gardée vis-à-vis même de son propre parti.

» C'est pour cela qu'après 1830, il quitta parfois la direction de la *Quotidienne* et de l'*Union,* et fonda à lui seul le *Courrier de l'Europe* et le *Rénovateur.*

Aux luttes religieuses et politiques qu'il a soutenues soixante années durant, M. Laurentie n'a cessé d'associer le culte des lettres. Ses ouvrages d'histoire, de philosophie, de littérature sont très nombreux, et il a collaboré à beaucoup de publications périodiques ou autres, notamment à l'*Encyclopédie du*

_____

(1) Nous constatons ce fait sans l'apprécier, fait observer l'écrivain que nous citons.

dix-neuvième siècle, dont il a écrit l'introduction sous le titre de *Théorie catholique des sciences.*

Ce publiciste était poète et musicien. Travailleur infatigable, son repos consistait à passer d'une occupation à une autre. Il a écrit des lettres innombrables, mais sauf une ou deux exceptions, il n'a pas même gardé copie de ses notes à M. le comte de Chambord.

Toute sa vie on le vit chrétien pratiquant, comme il l'était à l'époque où il s'enrôlait dans la Congrégation, et le respect humain, si fréquent parmi la jeunesse qui l'entourait au temps de ses études, lui fut heureusement inconnu.

C'est dans la presse que M. Laurentie a conquis ses meilleurs titres de gloire et son droit à la reconnaissance des catholiques. C'est à ce labeur quotidien qu'il a consacré ses forces, et, par lui, entouré le nom qu'il portait d'un respect qui ne s'attache jamais qu'aux nobles caractères : ce renom d'honorabilité vertueuse et de talent distingué, les siens ne l'ont jamais laissé dégénérer après lui.

Il appartenait ainsi au grand journaliste catholique de notre siècle d'en faire la remarque et d'en célébrer le mérite. Sur sa tombe encore ouverte, M. Veuillot écrivait :

» M. Laurentie est mort en chrétien comme il devait mourir et comme l'a mérité toute sa longue et courageuse vie. Un mot suffit à son éloge, et toutes les opinions le prononcent dans toute la force et la splendeur du mot : M. Laurentie fut un honnête homme. Par son talent, par son rare savoir, par sa raison, par la droiture, la constance, le désintéressement et la probité de ses sentiments, il fut l'honneur de sa cause. Il est resté l'honneur de la presse. Un demi-siècle de polémique n'a pu jeter sur son caractère ni un doute, ni l'ombre d'une ombre...

» Il est mort plein d'honneur, de vertus et d'années, dans la double majesté de la foi qu'il a professée et défendue jusqu'au dernier jour. Toujours modéré, il était devenu plus clément sans être moins ferme.

« S'il fallait choisir une devise pour cet esprit si militant et si indulgent, il faudrait écrire sur sa tombe : *Gloire à Dieu, paix aux hommes de bonne volonté*. La vie ne laisse rien autre chose à dire aux chrétiens qui ont longtemps vécu.

» M. Laurentie était né le 21 janvier 1793. La Providence semblait l'avoir choisi pour pleurer, honorer et défendre le sang innocent répandu ce jour-là. Durant quatre-vingt-trois ans il a rempli cette mission » (1).

Outre ses articles, presque quotidiens, M. Laurentie a publié un grand nombre d'ouvrages historiques, politiques ou philosophiques, dont la seule énumération serait trop longue. Il fut un des rudes adversaires de M. Renan et composa plusieurs ouvrages en réponse aux attaques de ce libre-penseur contre le caractère et la personne de Jésus-Christ.

LYONS (lord)

DIPLOMATE, AMBASSADEUR.

(1817 — 1887)

> « Quelques-uns s'étonnent de ces retours nombreux à la foi catholique et n'en comprennent pas la raison. C'est que la religion catholique est la vérité. »   (A. B.)

Le baron lord *Richard Lyons*, fils de l'amiral anglais Edmond Lyons, naquit le 26 avril 1817. Après avoir fait ses études à l'Université d'Oxford, il aborda la carrière diplomatique qu'il ne devait pas quitter jusqu'à sa mort, et débuta comme attaché d'ambassade à Athènes, puis à Dresde et à Florence.

A la fin de l'année 1858, il fut envoyé en mission extraordinaire aux États-Unis, où il demeura sept ans, et montra une grande fermeté dans l'affaire du *Treut*. De retour en Angleterre pour raison de santé, en 1865, lord Lyons était nommé, peu après, ambassadeur à Constanti-

----

(1) *Univers*, 11 février 1876.

Lord LYONS

nople, et dix-huit mois plus tard, nous le retrouvons à Paris, occupant l'ambassade d'Angleterre. Pendant vingt années, le noble lord sut conserver une position honorable et enviée, et s'attirer, durant ce long séjour, la sympathie universelle par ses hautes qualités, son ésprit conciliant et sa générosité.

La France et Paris surtout n'oublieront jamais le service qu'il a rendu à la population quand, à la levée du siège, il fut un dés premiers à procurer des vivres à la capitale affamée. Lord Lyons était, du reste, un charmant causeur, d'une conversation primesautière et essentiellement parisienne, attachante, gauloise même par le tour d'esprit, par la verve intarissable, par la richesse et la variété de ses anecdotes, sous les dehors d'une grande bonhomie qui prêtait du charme à ses entretiens.

Que dire de l'hospitalité de cet homme aimable, et qui entendait si largement ses devoirs de réprésentant d'une grande puissance auprès d'un gouvernement ami ? Sa magnificence fut proverbiale, ses dîners étaient fastueux, ses réceptions, où l'élément féminin faisait défaut, mylord étant garçon, avaient un cachet de grandeur et de libéralités qui ont fait de lui le plus étonnant amphitryon.

On se souviendra longtemps, à Paris, de la fête qu'il donna, dans ses jardins, au mois de juin qui précéda sa mort, à l'occasion du Jubilé de la Reine, et qui restera comme un modèle achevé de bon goût, d'originalité et de confort : 35,000 pieds de fleurs, qu'il fit ajouter à ses parterres, des montagnes de blocs de glace disséminées dans le parc pour y répandre la fraîcheur.

Lord Lyons avait 225,000 francs de traitement, et il trouvait chaque année le moyen d'en dépenser cinq fois le double. Et cependant, surveillant sa maison, que son ami, M. Georges Sheffield avait mise au point : ses trente-quatre domestiques, ses vingt-cinq chevaux, ses douze voitures étaient d'une correction unique. Il fallait voir, lorsque milord descendait son monumental escalier, entre la double rangée de ses gens, comme ceux-ci redoutaient l'inspection de son regard allant circulairement de la tête aux pieds ! Néanmoins adoré de tous... et pour cause.

Ces détails sont connus de beaucoup de lecteurs, mais ce que peu d'entre eux savent encore, c'est que lord Lyons, sur la fin de sa vie, renonça à la religion anglicane et se fit catholique. « Il avait trop de vertus pour rester parmi nous, » disaient les ministres anglicans qui le connaissaient dans l'intimité.

Est-ce à Paris, où il a pu voir fleurir tant d'œuvres catholiques, malgré la Révolution ? Est-ce à Londres, où le catholicisme gagne chaque jour du terrain ? Est-ce dans la catholique famille du duc de Norfolk, dont il était membre, que lord Lyons a reçu les premières grâces de sa conversion ? On l'ignore.

Encore dans toute la plénitude de ses facultés, il voulut abjurer le protestantisme. Dans ce but, depuis plusieurs semaines, le noble ambassadeur se faisait instruire dans la religion catholique et il assistait assidument aux offices de l'Eglise. C'est même pour cette raison qu'il avait différé son retour à Paris, où il devait remettre ses lettres de rappel au Président de la République. Ce fut Mgr Butt, évêque de Southward, qui reçut son abjuration dans une imposante cérémonie.

« Grand, fort, de taille élevée, lord Lyons était le type du grand seigneur anglais. Ses manières exquises, et surtout sa conversation pleine d'esprit lui avait acquis la sympathie de tous. Il était, sans contaste, la personnalité la plus haute et la plus marquante à Paris par sa grande intelligence, et surtout sa longue expérience des hommes et des choses (1). »

(1) Lettre à l'*Univers* du 1er décembre 1887.

Ce fut une belle conquête pour l'Église catholique. Malheureusement (ou heureusement peut-être), Dieu ne permit pas que le grand converti demeura longtemps ici-bas : peu de temps après, la mort vint le ravir.

C'est ici le lieu de placer cette remarque de Joseph de Maistre à une dame protestante : « Pour peu que vous réfléchissiez, vous ne pouvez douter que le catholique qui passe dans une secte est nécessairement un homme méprisable, mais que le chrétien qui d'une secte, comme l'Église anglicane, repasse dans l'Église véritable (s'il agit par conviction) est un fort honnête homme qui remplit un devoir sacré. Je n'emploie ici ni grec, ni latin, je n'invoque que le bon sens qui parle si haut qu'il est impossible de lui résister.

» Permettez-moi d'ajouter encore l'expérience à la théorie : nous avons dans notre religion des listes nombreuses d'hommes éminents, qui malgré tous les préjugés de secte et d'éducation, ont rendu hommage à la vérité en rentrant dans l'Église. Essayez, je vous prie, de faire une liste semblable de tous les hommes qui ont abjuré le catholicisme pour entrer dans une secte, vous ne trouverez, en général, que des libertins, des mauvaises têtes et des hommes abjects. »

Une dernière observation : — quelques-uns s'étonnent de ces retours nombreux à la foi catholique et n'en comprennent pas la raison. C'est que la *religion catholique est la vérité*.

MELUN (de)

ÉCONOMISTE, DÉPUTÉ, HISTORIEN.

(1807 — 1877)

> « Il fut un de ceux qui ne se servent de la
> parole que pour la pensée, et de la pensée
> que pour la vérité et la vertu. »
>
> (*Son biographe.*)

C'est à la fois une douce jouissance et un devoir de parler d'un homme qui pendant quarante ans fut l'ouvrier, le secrétaire, l'historien, l'organisateur et le législateur de la charité à Paris ; d'un homme dont l'esprit a été ouvert à tout, dont la parole et les écrits furent entendus et écoutés sur tout, moins encore pour sa puissance que par son honnêteté, car *Armand de Melun*, dit son biographe (1), » fut un de ceux qui ne se servent de la parole que pour la pensée, et de la pensée que pour la vérité et la vertu. »

Né au château de Brumetz, dans l'Aisne, en 1807, d'une antique famille, dont les ancêtres furent partout au service de la France et partout au service de Dieu, Armand de Melun eut le bonheur d'avoir des parents qui comprirent parfaitement les obligations de leur vocation. Sa première communion opéra dans l'enfant une transformation complète : « A partir de ce moment, écrivait-il plus tard, le voile de l'enfance se déchira ; le monde qui n'était pour moi qu'un lieu d'amusement m'apparut ce qu'il est réellement, le lieu de l'épreuve dont il nous sera demandé compte un jour, et je commençai à prendre au sérieux cette vie que venait de sanctifier la présence de Dieu. Ma première communion me donna l'impression d'un second baptême, remplaçant la robe de l'innocence par celle du repentir. Je renouvelai volontiers, et en connaissance de cause, les engagements que d'autres, à mon entrée dans

(1) Mgr Baunard, dont nous allons résumer le travail.

la vie, avaient pris pour moi, et j'affirmai moi-même le
Credo qu'on avait prononcé en mon nom, lorsque ma
bouche d'enfant était sans parole. Ma piété ne pouvait se
rassasier de la prière et de la vue des autels, et pendant
quelques jours je me sentis pris du désir de me consacrer au saint ministère pour n'être plus séparé de Jésus-
Christ, de sa demeure et aussi de ceux qui avaient été
près de moi ses missionnaires et ses représentants. »

Telle est l'influence de la piété d'une mère chrétienne
sur un enfant docile.

Malheureusement ces heureuses dispositions devaient
s'éteindre dans l'atmosphère empestée du collège Sainte-
Barbe, où le jeune homme dut aller. Là, plusieurs professeurs donnaient publiquement l'exemple de l'impiété.
« Le professeur de rhétorique, dit De Melun, devenu
depuis proviseur d'un des principaux collèges, ne se donnait
pas la peine de dissimuler son incroyance et son irréligion. »
Et cependant à cette époque, Sainte-Barbe était le collège le
plus religieux de Paris. Que dire des autres, et quelle
génération pouvait en sortir ?

C'est de cette éducation meurtrière que parlait Montalembert lui-même, élève de Sainte-Barbe, quand il disait :

« Combien étions-nous alors de jeunes gens chrétiens, même
dans les collèges les mieux famés ? A peine un sur vingt.

« La pratique religieuse, au moins chez les hommes,
explique M. de Melun, était si peu répandue que le jour
où Montalembert parut dans le monde avec la franchise
de ses croyances catholiques, on se le montrait en disant :

» Voilà un jeune homme qui fait ses Pâques. »

Le cours de philosophie acheva ce travail de démo-
lition, le ciel devint vide pour les élèves de semblables
professeurs, et une page d'Armand de Melun nous révèle
le degré de négation impie où était arrivée cette jeunesse
trompée :

« Un jour, il nous prit fantaisie de discuter entre nous l'existence de Dieu. La discussion fut vive et approfondie, et, lorsqu'on passa au vote, l'existence de Dieu obtint *la majorité d'une voix !* Je votai pour le bon Dieu. »

Ce fut assurément fort heureux pour Dieu que son existence ait été admise par ces jeunes imberbes.

Voilà bien l'abîme où, si jeune encore, était tombé Armand de Melun.

Voyons s'il en sortira et par quels moyens ! Par quels miracles du ciel lui et ses compagnons n'y périrent-t-ils pas ?

« C'est par le bienfait de la famille, répond De Melun. Il y a dans le milieu domestique où vous êtes né, où votre enfance a grandi, où vous avez reçu votre première caresse, où vous avez dit votre première prière, une puissance que la vie turbulente du collège peut bien paralyser pour un temps, mais non anéantir. C'est un fond de granit que peut recouvrir momentanément le sable ou la poussière des chemins, mais qui, dès que le vent se lève ou que l'on creuse le sol, reparaît dans la fermeté d'une base indestructible. »

L'époque venue de choisir une carrière, Armand opta pour le droit, et, dans ce but, il était de retour à Paris en 1825. A cette date, l'avenir lui semblait radieux, plein de promesses et de jouissances.

« J'éprouvais la joie de vivre, il me semblait que je ne verrais jamais la fin des années qui s'ouvraient devant moi. »

En même temps, le jeune homme était possédé d'un vaste orgueil et du désir de dominer le monde par la science. Voilà bien le rêve de certains jeunes gens enflés par le talent, d'ailleurs sérieux et enthousiastes du progrès moderne ; ils aspirent à le voir tout remplacer : la morale, la vertu, la religion. Mais où donc trouver la force de résister aux passions de la jeunesse ?

« Échappés du collège, nous n'avions pour nous protéger
que nos cours de droit et de littérature, de mathématiques et de physique : faibles remparts contre les entraînements de nos vingt ans et les nombreux pièges semés
sur nos pas. »

Il est donc certain qu'à cette vie du dehors, si honnête
qu'elle fût, un contre poids manquait : celui d'une direction
sage et chrétienne. La Providence y pourvut en plaçant
sur la route d'Armand de Melun un prêtre de grande
naissance, saint et savant, l'abbé de Rohan, qui sut
attirer chez lui le jeune étudiant. Celui-ci commença dès
lors à recevoir du prince-abbé une direction véritable,
mais qui était dissimulée avec soin, pour ne pas effaroucher
cet esprit de vingt ans, incapable de supporter un joug.

Mais une autre passion que celle de l'étude captivait le jeune
homme. Rentré à Paris en 1829, Armand se précipita avec
son ardeur juvénile dans la curiosité des affaires publiques.

C'était l'heure où le gouvernement sentait la griffe de la Révolution s'abaisser sur lui pour le terrasser. De Melun ne
voulut pas se contenter de la politique en chambre, il descendit dans la rue, se mêlant aux curieux et aux émeutiers, et
manqua vingt fois d'être renversé par une charge de cavalerie
ou d'être conduit au poste. Ces manifestations étaient le commencement de l'insurrection qui devait joncher les rues de
blessés et de morts. Tout cela semblait le prélude d'une révolution qui devait renverser un trône séculaire, et si quelque
illusion était encore permise à l'étudiant en droit, devenu
stagiaire, sur les tendances subversives des idées et des
hommes qui sapaient le Pouvoir, le spectacle éloquent de la
révolution allait ouvrir ses yeux.

La révolution de Juillet fut une instruction qu'il comprit
sans peine. Il résolut de fuir Paris, car il en avait assez.

« C'est assez lu, écrit-il, il est temps que je m'adresse à la
nature et aux hommes. La grande bibliothèque humaine m'est

ouverte. Partons, et que la gaieté me serve de compagne. »

Avec son frère Anatole, de Melun parcourut la Hollande et la Suisse. Mais le voyage en Suisse réservait de grandes leçons dans le spectacle des religieux qu'il rencontra : il s'était senti meilleur à la Grande-Chartreuse, vers laquelle sa pensée se reporta sans cesse depuis cette époque. A Genève, Armand passa une soirée mémorable chez le général de Bourmont, le jour anniversaire de la prise d'Alger. Quelques branches de laurier furent offertes au conquérant exilé par de rares amis, auxquels s'étaient joints quelques réfugiés polonais. Cette vissicitude des choses portait le jeune politique à de sérieuses pensées. Mais ce fut au Grand-Saint-Bernard qu'une lumière plus vive l'éclaira sur sa destinée et lui ouvrit tout à coup sur la vie de charité dont il était témoin une échappée de vue qui semble un premier indice de sa vocation :

« Quand on descend du Saint-Bernard, on se demande comment, nous autres hommes de loisirs et de plaisirs, nous soutiendrons la comparaison avec ces hommes de dévouement ! Mais une réflexion console. Le verre d'eau donné au nom de Dieu est compté par lui aussi bien que le plus héroïque sacrifice, et si nous ne sommes pas appelés à distribuer le salut et la vie à ceux qui souffrent, tâchons du moins de laisser tomber sur notre passage quelques gouttes d'eau vive. A force de se répandre, elles feront germer des fruits, et Brumetz deviendra, j'espère, entre les mains de mes sœurs, vraies sœurs hospitalières et sœurs institutrices, une terre fertile. »

Telles étaient les pensées qui agitaient le cœur d'Armand de Melun. Il a déjà repoussé les premières tentations, celles des jouissances terrestres et de l'ambition, évitera-t-il les pièges d'un siècle menteur ?

— Vingt ans, dit M. Baunard, pour combien de jeunes gens n'est-ce pas l'heure du mal et de la puissance des ténèbres !

A peine sorti du collège, de Melun avait été possédé du

vif désir de savoir toutes choses. Rien ne pouvait assouvir son
appétit de lecture.

— Je dévorais tout: les langues anciennes et modernes, la
physique, la chimie, l'anatomie comparée avaient chaque jour
leur audience. Tout cela s'accumulait dans ma tête sans avoir
encore de destination. C'était des provisions que j'entassais
sans prévoir quel en serait l'emploi. « Toutefois la littérature
n'était qu'un repos pour ce studieux : une branche maîtresse
attirait princidalement la sève de son esprit: l'étude de la philosophie et de la religion. A la suite de plusieurs mois donnés
aux lettres et aux sciences, écrit-il, je me trouvai aux prises
avec la question religieuse. »

Heure solennelle et décisive pour l'avenir temporel et éternel
de l'homme que celle où, sur le point d'entrer dans la vie
active, il va fixer ses pensées et choisir définitivement sa voie !
« Telle est la conséquence dangereuse de ces éducations de
collège qui ravissent aux enfants leurs croyances, la confiance
en leur famille, et les abandonnent seuls à toutes les séductions
et à toutes les erreurs à défaut de la foi. Quelques-uns suc-
combent tout d'abord ; d'autres ont le bonheur de trouver une
main qui les dirige; mais il y a aussi des natures plus rebelles
qui conçoivent témérairement l'idée de marcher seules dans le
choix des doctrines qui se partagent le monde, et se prenant
corps à corps avec leurs souvenirs et leurs espérances, avec
leurs affections et leurs illusions, engagent une lutte qui deman-
derait la force d'un géant. Et *cette lutte se passe dans la tête
d'un enfant !* » (1) Mais déjà commence chez ce noble jeune
homme le combat contre les erreurs dont ses professeurs
l'avaient rendu victime.

— J'avais entendu autour de moi retentir tant d'objections
contre la foi, j'avais sous les yeux de si dangereux exemples,
j'avais lu tant de mauvais livres en tout genre, que mon christianisme était plus de forme que de fond. C'est pourquoi oser

(1) Mgr Baunard.

seul, avec mes réflexions dans l'isolement d'une campagne,
aborder l'une après l'autre toutes mes opinions et toutes
mes croyances, pour les interroger, les vérifier, les scruter
et ne les admettre qu'après avoir minutieusement reconnu les
titres de chacune à ma foi, c'était plus qu'une prétention,
c'était une présomption hérissée de périls. »

Il ne tarda pas à en faire l'expérience :

« Le christianisme lui-même, se demande Armand de
Melun, serait-il autre chose qu'une étape de l'humanité en
voie de perfectionnement? Et cependant je rencontrais dans
son organisation quelque chose qui échappait à l'analyse humaine. Cette religion me faisait l'effet d'une création à part,
supérieure aux lois ordinaires et inexplicables par elles. Il y
avait là des institutions que la logique, cette chimie morale,
ne pouvait pas entamer. Cette impuissance mystérieuse décon-
certa ma raison. C'est par cette porte d'humilité que je devais
rentrer dans le christianisme. »

Mais avant de trouver cette issue, par quels sentiers épineux
devait marcher, en se blessant, l'âme du jeune homme! Que de
promenades inquiètes dans les bois de Brumetz!

— Que de jours passés à me battre contre des objections, à
me ramener aux obscurités de la discussion intérieure et au
vide du sophisme! Jours de misère et de souffrances que je
finissais toujours par maudire!

Son équité naturelle porta de Melun à étudier l'Église elle-
même non pas dans les écrits de ses ennemis, ce que tant
d'autres commencent par faire, mais en consultant les maîtres
autorisés qui enseignent sa doctrine.

— Alors, l'Histoire ecclésiastique, les Pères, les Docteurs
et principalement saint Thomas d'Aquin devinrent mes études
préférées.

Il y joignait Joseph de Maistre. C'était se mettre à bonne
école pour sortir de cet état de doute.

En effet, de l'abîme du doute s'éleva contre le doute une

double réaction, celle de l'esprit et celle du cœur. La première naquit de l'expérience du vide laissé dans l'âme par le scepticisme :

« L'Évangile m'avait appris qu'on juge de l'arbre par ses fruits. Or quels étaient pour moi les fruits de ce doute affreux? Je le sentais peser sur moi comme le plus lourd des fardeaux. Je me sentais avec lui sous la machine pneumatique. Il se faisait autour de moi une telle raréfaction d'air, une telle absence de vérité, que la respiration morale me manquait. »

La conscience protestait en même temps que l'esprit :

« Si le sceptisme est vrai, je ne voyais plus de différence entre le bien et le mal. Alors je me demandais si Néron avait raison contre saint Vincent de Paul; si le plus infâme misérable pouvait être mis sur le pied d'égalité avec l'homme le plus vertueux; si, par exemple, aucune différence n'existait entre l'assassin et le martyr. Dans l'ordre social, j'étais réduit à me demander de même s'il est une seule des lois régissant la société qui repose sur autre chose qu'une fiction; dans l'ordre intellectuel, je ne voyais que ténèbres; la vie et la mort, ma destinée à venir ne m'apparaissaient plus que comme un mirage trompeur. »

Le combat fut long. Cette âme, battue par l'orage, était agitée tantôt sur les récifs séduisants de l'erreur, tantôt sur les rives austères de la vérité :

« Je ne pouvais m'en tenir là : j'allais et revenais de la croyance au doute, du doute à la croyance, et Dieu sait combien de fois je recommençai le voyage! Les fantômes des systèmes, venant me faire rougir de ma crédulité, me criaient à l'oreille que je vendais mon droit d'aînesse pour un plat de lentilles, et qu'on n'est un grand esprit qu'à la condition de braver pour la vérité les ennuis, les tristesses, même les désespoirs. Alors, attiré par cette voix de sirène, je me relançais dans l'océan de la discussion pour me retrouver bientôt au fond des mêmes abîmes. »

Que devenait donc la foi de son enfance, les instructions et les doux souvenirs de sa première communion ?

« De temps en temps, écrit-il, quand, après avoir médité et discuté, après avoir bâti et beaucoup détruit, je voyais avec douleur mes constructions par terre, alors j'allais chercher dans un coin de ma bibliothèque un petit livre vieux, usé, relié en pauvre parchemin. C'était le Catéchisme qui m'avait servi à me préparer à ma première communion. J'en lisais quelques pages, j'y trouvais d'admirables solutions à mes problèmes. Sous cette douce lumière, l'ordre renaissait dans mon esprit et la paix dans mon âme. Les idées que m'avait soufflées le mensonge des livres s'évanouissaient comme des fantômes à la clarté du jour, et cette heure de repos me payait déjà le sacrifice que ma raison soumise venait de faire à la foi. »

Hélas ! ce n'était qu'une heure. Quelques instants après, le malheureux retournait à sa passion d'explorer les rivages de l'erreur « faisant force de voiles vers une terre idéale, jusqu'à ce que meurtri, et harassé de fatigues, je retournais de guerre lasse à mon vieux Catéchisme pour l'abandonner encore. »

Se peut-il trouver une lutte plus acharnée dans le cœur humain entre le doute et la vérité ? Ceux-là seuls qui ont passé par ces étreintes funestes peuvent se figurer quels moments douloureux doit traverser un esprit ainsi agité. Enfin la vérité eut le dernier mot :

« Epuisé par cette manœuvre, un jour enfin je me dis : Malheureux prisonnier, jusqu'à quand t'épuiseras-tu à tourner dans ton cachot sans en découvrir la porte. Pourquoi ces courses de géant vers des nuages insaisissables, puisque tu en reviens toujours à ton point de départ : la croyance de ta mère et l'explication du Catéchisme sur ce monde et l'autre?.... Je me le suis tenu pour dit. Je ne renoncerai pas pour cela à mes études, mais à mes rêveries. Je me livrai à l'Évangile, en abandonnant la prétention d'expliquer le monde autrement que lui. »

C'est ainsi que Melun revint à la foi de son enfance. Il y revint naturellement, par l'impossibilité pour lui d'être incrédule, de vivre en incrédule, par la loi d'une conscience effrayée du mal. En somme, c'est par un acte d'humilité qu'il entre dans le sanctuaire de la religion ; sa dernière démarche fut un acte d'abandon simple et filial à la conduite de Dieu.

« Une fois rentré dans l'Église pour ne plus en sortir, j'éprouvai la vérité de cette observation, que pour comprendre la religion il faut se placer dans son centre et s'établir au cœur même de sa doctrine révélée, de même qu'il faut se placer au milieu d'une cathédrale pour saisir l'ensemble de l'architecture. Alors, je me rappelais cette parole d'un vieux chrétien : « L'Église catholique ressemble aux vitraux de ses cathédrales ; vus du dehors, ils ne présentent que confusion bizarre et insignifiante ; vus du dedans, c'est le plus éclatant et le mieux ordonné tableau qui se puisse voir. »

Une seconde remarque de M. de Melun est plus importante encore :

« J'ai, depuis ces tristes jours, rencontré sur ma route plus d'une objection, mais mes doutes n'ont jamais été que des nuages rapides, parce que je m'en suis tenu à ce raisonnement : Il ne s'agit pas de prendre un côté du christianisme, une partie de sa doctrine, il faut en prendre l'ensemble, alors le doute n'est plus permis ; et malgré les inévitables obscurités qui tiennent à notre intelligence et à la nature même de l'objet de la foi, on arrive infailliblement à trouver que la doctrine catholique est celle qui répond le mieux à la raison de l'homme, que sa morale est celle qui répond le plus parfaitement à la conscience de l'homme, et que ses promesses divines sont la plus haute aspiration du cœur de l'homme. Aussi résout-elle seule le problème tout entier de notre humanité. »

Conquis désormais à la religion et désirant la servir, le néophyte vit que l'armée séculière de l'Église se partageait en deux camps, unis pour la même cause, mais d'armes différentes : les uns combattant au nom de la liberté, les autres au nom de la charité. Armand de Melun se porta vers les premiers : « Tout ce qui était jeune, tout ce qui était vif, tout ce qui voulait combattre pour Dieu et son Église était, à cette époque pour la liberté. Plein de dévouement personnel pour cette Église catholique qui venait de me débarrasser de mon scepticisme, et qui maintenant m'apparaissait comme le phare lumineux qui dirige le monde dans les voies de la véritable civilisation, je sentais le besoin d'entrer, moi aussi, dans la mêlée. A côté de la milice guerrière, une phalange pacifique s'était mise, dans le silence et l'humilité, à travailler elle aussi à l'œuvre du rapprochement de l'Église et des peuples, par l'exercice de la charité. C'était en visitant les pauvres, en soulageant les malades, en patronnant les enfants qu'ils espéraient dissiper les préventions qui éloignent de Dieu les classes populaires. » La Société de Saint-Vincent de Paul venait de naître, et avec elle une multitude d'œuvres se partageaient toutes les misères du peuple. Tel était le terrain où la Providence l'attendait, en appelant à son secours deux grandes âmes :

« L'une me prêta l'appui de l'intelligence la plus élevée, l'autre m'ouvrit les trésors de la plus sainte charité écrivait-il. »

Dieu envoya d'abord au jeune débutant dans le monde un appui dans l'autorité d'une femme qui a exercé une puissante influence sur beaucoup de grands esprits de cette époque : c'était la comtesse Swetchine. Cette femme remarquable par son goût pour les études sérieuses, ayant abjuré le schisme russe et mérité la disgrâce d'Alexandre I, était venue, avec son mari le général Swetchine, se fixer à Paris, où son salon fut ouvert à toutes les célébrités littéraires et religieuses de son temps. L'action de cette femme sur Armand de Melun fut une action intellectuelle et morale : elle maintint son esprit dans l'élévation et son âme dans la vertu. Elle lui fit aimer

le beau, pratiquer le bien, rechercher le vrai. Tel fut le grand
et précieux bienfait de cette amitié. Armand sut bien le reconnaître, et il lui en rendait grâces dans ces lignes remarquables :

« Lorsque viendra le grand jour où toute pensée sera manifestée et tout effet rapporté à sa cause véritable, si mon indignité
trouve grâce aux yeux de la Justice, tout ce qu'il y aura de
meilleur en moi vous appartiendra, et le peu que j'aurai fait
et pensé de bien devra vous revenir. Car, lorsque votre amitié
me prit encore hésitant sur le chemin de la vérité, elle me
tendit une main de sœur pour appuyer mes premiers pas,
m'entoura de lumière, me fit voir le bien naturel et le progrès
facile. Tous les jours je remercie Dieu du fond de mon cœur
de m'avoir préparé en vous, non seulement toutes les dou-
ceurs et la joyeuse sécurité de l'amitié, mais une défense
contre le mal. Grâces vous soient rendues pour avoir voulu
que le sentiment qui fait ma consolation sur la terre soit le
souffle divin qui me pousse vers les cieux. »

Par bonté naturelle et par religion, de Melun aimait le
peuple et avait un désir extrême de voir diminuer la distance
qui le sépare des classes supérieures :

« Faire arriver le plus grand nombre possible à ce qui fut
longtemps le privilège de quelques-uns, tel était à mes yeux
le travail de l'homme et du chrétien, telle enfin devait être
l'œuvre sociale de l'Evangile. »

Noble et sainte ambition qui allait inspirer l'apôtre de la
charité. Mais il fallait passer de la théorie à la pratique, et
la distance, qui sépare l'une de l'autre est immense. Mme Swetchine lui ayant parlé de la Sœur Rosalie, qui dans le quartier
le plus abandonné de Paris faisait des merveilles pour le
soulagement des pauvres, il résolut pour s'initier à l'exercice
de la charité, de s'adresser à elle. Écoutons-le nous raconter
simplement ses débuts dans cette carrière nouvelle et inconnue :

— Au nom de Mme Swetchine, la Sœur Rosalie me reçut

presque aussi bien que si j'avais été un pauvre.... Elle eut la
mauvaise pensée, comme elle me l'avoua plus tard en riant,
que je pourrais être *un amateur*. Elle résolut donc de me
soumettre, dès le premier jour, à une sérieuse épreuve, et me
mettant quelques bons de bouillon, de viande et de cotrets
dans la main, elle me donna une Sœur pour diriger mes pas,
m'indiqua trois ou quatre ménages des environs et me char-
gea de les voir, de les servir et surtout de les consoler. Je
devais, au retour, lui rendre compte de mes courses et de
mes observations.

Voici donc Armand de Melun parti, pour sa première
excursion charitable, sous l'égide d'une bonne Sœur à la voix
énergique et au cœur d'or. Il visita plusieurs familles ayant
peine à surmonter le respect humain, un peu de honte naturelle à faire la charité et une certaine timidité en face de ces
pauvres inconnus. Il continua sa journée d'apprentissage
allant de porte en porte, mais ne pouvant triompher tout à
fait de cette honte :

— Il me semble toujours que je vais humilier le pauvre
en lui faisant l'aumône. Quant au retour à la maison de la
rue de l'Épée-de-Bois, je fis à la Sœur Rosalie le récit de ce
que j'avais vu, elle m'écouta avec une attention mêlée d'un
peu d'étonnement : elle était surprise du goût que j'avais pris
à ma première mission et me remercia de l'aide que je venais
apporter à son malheureux quartier. Je m'en retournais chez
moi l'âme émue de ce que je venais de voir, enchanté de mes
pauvres, de la Sœur Rosalie, du bien qu'elle m'avait fait faire,
et résolu de continuer ce cher apprentissage.

La Sœur Rosalie fit plus encore pour M. de Melun. Elle
lui avait enseigné l'exercice de la charité, elle lui en révéla
l'esprit et l'envoya dans ce but à l'école des Saints, en lui
remettant entre les mains la *Vie de saint Vincent de Paul*.
C'était le mettre en présence de la plus haute sainteté, unie
à la charité la plus sublime.

Le disciple fidèle lut cette vie, la comprit, en fit son manuel et en tira des trésors de vertus. Sa voie était donc trouvée, sa carrière tracée, il l'annonce en ces termes :

— J'ai senti que la charité doit avoir son culte comme la foi, et que l'objet de ce culte est la misère du pauvre. Aussi ai-je résolu de consacrer ma vie à faire tout le bien qui sera en mon pouvoir, mettant au service de mes frères tout ce que j'ai de force et de temps.

Voilà le programme que cet homme, généreux et ardent, va remplir toute sa vie. Mais de peur qu'il ne vienne à s'égarer dans cette voie, son directeur et son guide, Mme Swetchine lui recommande de mettre la piété dans toutes ses actions :

— Outre la charité, il y a un élément qui n'est ni la foi raisonnée, ni la charité extérieure, mais le foyer des deux autres, c'est la piété qui rend Dieu sensible au cœur.

Le premier bienfait de la piété est d'être la gardienne de la vérité et de la charité :

— Plus l'intelligence s'élève, ajouta-elle, plus il est nécessaire que la piété lui serve de contrepoids. Pourquoi tant de sublimes esprits se sont-ils égarés? C'est qu'ils n'aimaient pas Dieu. L'amour les eût gardés. Il en est de même de l'action charitable.... Une autre et puissante raison de s'armer de piété, c'est la nécessité de lutter contre le monde : « Comment donc ceux qui marchent dans la voie étroite affronteront-ils de si effrayants dangers, s'ils ne sentent vivre au fond d'eux-mêmes Celui qui nous encourage et nous défend. »

Désormais donc De Melun était initié à cette vie qu'il désirait tant connaître et pratiquer. La comtesse Swetchine et la Sœur Rosalie lui avaient rendu un immense service en l'introduisant dans la carrière de la piété et de la charité. A l'avenir, il ne sera plus un disciple, mais un maître : il sera la tête de la charité, l'intelligence du pauvre et de ses besoins profonds, l'organisateur du bien matériel et spirituel de ses frères. Fondateur des *Annales de la Charité*, il devient aussi créateur et président de la *Société d'économie charitable*, rapporteur de nombreux projets de bienfaisance publique ou privée, soit dans les conseils, soit dans le Parlement, lui duquel un évêque disait :

— Personne n'est plus que lui la charité intelligente et l'intelligence charitable.

Il aura le cœur de la vraie charité, l'amour religieux du pauvre, du petit, du délaissé comme secrétaire de l'Œuvre de la Miséricorde, le père des Patronages d'apprentis et d'ouvrières, le vice-président des sociétés de secours aux blessés, de l'Adoption des orphelins de la Commune.

« La main de la charité, écrit Mgr Baunard, la main qui donne et qui écrit, la main qui relève et qui sauve, l'action qui se multiplie, les démarches qui ne se comptent pas, le travail des jours et des nuits, la vie qui se verse goutte à goutte, qui l'a connue mieux que celui que ses collègues de l'Assemblée appelaient familièrement « notre saint Vincent de Paul. »

Tel est l'homme que l'on vit à l'œuvre pendant quarante ans, dans tous les rangs du peuple, occupé à soulager toutes les misères matérielles et morales. Avec le prestige de sa vertu, de Melun avait celui de sa personne. Singulièrement agréable, d'une conversation élevée spirituelle, beau de taille et de visage, réservé et discret autant que communicatif et ardent, tolérant pour tout le monde, M. de Melun avait un charme qu'il savait faire tourner au profit de la religion aussi bien que de ses pauvres.

Sur la fin de sa vie cet homme de bien se rappellera toutes ses œuvres, et il les attribuera à d'autres :

— Parmi les œuvres que Dieu m'a permis d'accomplir, combien dont le mérite ne m'appartient nullement ! J'ai passé ma vie à faire le bien avec le temps, l'intelligence et la bourse des autres. Il y a tel quartier où mon nom est béni dans toutes les maisons ; où chaque pauvre me remercie d'avoir secouru sa détresse ; où chaque homme de bien me fait honneur du concours que je lui ai prêté, et il peut se faire que ce pauvre je ne l'aie jamais vu, que ce chrétien bienfaisant je ne l'aie point connu. Celui qui est venu l'assister secrètement, c'est quelque membre de la Société de la Miséricorde qui, voulant cacher son nom s'est présenté sous le mien. C'est le mien qui est resté dans la mémoire du pauvre; c'est le sien qui est resté inscrit au livre de Dieu.

De Melun avait trouvé dans cette vie de charité un charme d'autant plus grand qu'il la savait être pour sa vertu une puissante sauvegarde :

« Elle fut pour moi une protection, écrit-il, elle me gardait du mal. Devant cette franchise de principes et de conduite les séductions mondaines ne songeaient guère à s'adresser à moi. Et puis, comment faire le mal lorsque l'opinion publique vous plaçait si haut dans le bien. »

Pour accomplir sa mission, il fallait à l'apôtre de la charité l'appui des grands, leur autorité, leur puissance. De Melun le chercha et souvent le trouva, du moins chez les prélats catholiques. M. Dufaure, ministre de l'Intérieur appela de Melun, alors président de la Société d'économie, à faire partie d'une Commission de réorganisation de l'Assistance publique. Mgr Sibour appuya la création d'une *Association générale de charité*. Les curés des principales paroisses de la capitale recommandèrent l'*OEuvre des familles* dont il était directeur. Plusieurs fois, il eut recours à l'appui et aux conseils du général Cavaignac, qui, comprenant combien il était difficile d'aborder certaines classes du peuple, disait à de Melun :

— Prenez garde, car c'est faire du socialisme que de donner à un pauvre cinquante centimes dans la rue !

Louis Napoléon sur le point de prendre en main le gouvernement de la France, sachant tout ce que de Melun avait fait pour les classes populaires désira conférer avec lui sur ce sujet, et lui donna rendez-vous dans une maison de la rue

Tronchet. Sur les questions religieuses, sociales et politiques que lui posa l'économiste, le prince fit des promesses catégoriques, qu'il ne devait pas tarder à violer.

Cependant le lendemain du vote du 10 Décembre, fidèle à la parole donnée peu auparavant à l'apôtre des Œuvres, il faisait offrir le portefeuille de l'Instruction publique et des Cultes à M. de Falloux, ami de Melun. Le nouveau ministre, de concert avec l'évêque de Rennes, présenta son ami comme candidat aux élections d'Ille-et-Vilaine, et M. de Melun était élu sans qu'il lui eût coûté une seule démarche. Le nouveau député ne tira pas vanité de son élection : « J'espère, disait-il, ne faire autre chose à l'Assemblée que continuer notre œuvre. *J'y serai le représentant des pauvres et des petits;* et je ne défendrai que ceux que personne ne songe à défendre. » Aussi son premier acte, à peine entré à l'Assemblée, fut de demander au gouvernement de nommer une Commission chargée de rechercher les moyens d'améliorer le sort des classes populaires. Le 19 juin, il déposait sur le bureau de l'Assemblée législative cette proposition : « Il sera nommé une Commission de trente membres, chargée de préparer et d'examiner les lois relatives à la Prévoyance et à l'Assistance publique, conformément à l'article 13 de la Constitution; » ce projet fut voté après un beau discours, le premier de M. de Melun à la tribune.

Il est impossible de rapporter tout ce que fit le nouveau député pour les classes populaires dans les courts instants de sa législature. Une de ses œuvres les plus importantes fut sa collaboration à la loi de l'enseignement primaire appelée *loi de 1850*. Bientôt emprisonné au 2 décembre avec ses amis politiques qui résistaient au prince Napoléon, il renonce à la vie politique « ne voulant plus rentrer, dit-il, dans un Parlement déshonoré par ceux qui auraient dû le défendre. » Quelque temps après, le Président de la République l'ayant invité à dîner, voulut essayer de le gagner, mais il avait affaire à forte partie.

« Vous nous manquez à la Chambre des Députés, disait aussi M. de Persigny. Dites-moi, cher monsieur, dans quel département voulez-vous être nommé?

— Monsieur le ministre, répond de Melun, après que j'eus rempli mon devoir à l'Assemblée, vous m'avez envoyé en prison à Vincennes. Dans la nouvelle Chambre, j'agirais de même et vous pourriez me faire *pendre*. J'aime mieux ne pas en courir la chance. »

L'ancien représentant revint donc tout entier à ses chères œuvres, tout en constatant que la charité n'avait pas manqué à sa mission : « Sans se laisser décourager par le dédain, les injures et les calomnies, elle a tenu sa place à la tribune, dans presse et jusque dans le domaine si agité de la politique. Il restera, des travaux parlementaires si vite oubliés, quelques lois utiles aux pauvres. »

Le nouveau Pouvoir ne pouvant pas gagner le grand économiste ne voulut pas cependant se priver de ses lumières. M. de Melun fut appelé à préparer plusieurs lois, entre autres celles sur les *Sociétés de Secours mutuels*, dont il fut pendant dix ans le rapporteur dans la commission de surveillance.

Quant, au mois d'avril 1862, l'Empereur avait prononcé la suppression des Sociétés de Saint-Vincent-de-Paul, le bienfaiteur des pauvres regretta profondément sa chère Société : « Nous pleurons ici, écrivait-il, sur le sort de la pauvre Société de Saint-Vincent-de-Paul, et nous demandons quel mauvais génie a pu inspirer à nos gouvernants la fatale pensée de contrister les honnêtes gens, de diminuer la fortune toujours si restreinte des pauvres et de prouver au monde qu'ils ne peuvent supporter le bien. »

Il ne désespéra pas cependant et travailla avec d'autant plus d'activité à réorganiser certaines œuvres devenues plus nécessaires, et à en créer d'autres, telles que la *Réunion internationale de charité* et l'*Exposition d'économie domestique* pendant l'Exposition universelle de 1855, la *Revue d'économie chrétienne*, le

Messager de la Semaine, la *Société catholique des publications populaires*, le *Congrès de charité*, tenu par ses soins à Londres avec un grand succès (1).

Nous ne dirons rien ici du mariage de M. de Melun avec Mlle Marie de Rochemore, ni du bonheur qui lui fut réservé d'en avoir deux enfants, ni même de son œuvre littéraire. Rappelons seulement qu'il publia : *Histoire d'un village, Vie de la Sœur Rosalie*, couronnée par l'Académie française, un grand nombre d'articles de Revues sur l'économie sociale et les classes populaires, l'*Histoire de Mme de Barol*, royaliste vendéenne, que l'auteur a dépeinte surtout comme femme de charité.

Une autre œuvre importante appelait les efforts de M. de Melun, c'était la liberté de l'enseignement supérieur. Dans ce but, il accepta de faire partie de la *Société d'éducation et d'enseignement* dont il devint vice-président.

La conquête de cette liberté était le premier but de la Société: « Il faut que cet édifice s'achève, proclamait le P. Olivaint, il faut que la loi de 1850 reçoive son couronnement. C'est le besoin de notre foi. » Le projet qui fut discuté le 19 juillet 1869 par le P. Olivaint, Kolb-Bernard, Cornudet, de Riancey et de Melun, est le même que l'Assemblée vota en 1875. La Société avait fait là une œuvre éminemment utile. Les idées libérales qu'Armand de Melun rêva de concilier dans la politique, il eût voulu les concilier dans la religion. « N'était-ce pas, dit Mgr Baunard, la chimère de certains esprits, d'ailleurs pleins de talent et de zèle, qui faisaient leur second évangile des principes de 1889. C'était l'erreur libérale. Elle avait eu sa brillante déclaration de principes au Congrès de Malines de 1863, et quel lyrisme oratoire n'avait-elle pas inspiré aux lèvres éloquentes de Montalembert !..

(1) A ce Congrès la bonne cause fut soutenue par M. Foucher de Careil dont l'attitude et les votes contre l'omnipotence de l'État furent si différents d'aujourd'hui. Il appelait alors l'État « cette machine à instruire dans laquelle il suffira de jeter une intelligence pour qu'il en sorte cette merveille qu'aucun peuple n'a connue : *un enfant qui sait lire, mais qui ne connaît pas le nom de Dieu.* » *Quantum mutatus ab illo !*

« Rome alors ne pouvait plus se taire, et l'Encyclique du 8
décembre 1864 éclata, comme un coup de foudre, sur la tête
de ces orateurs et de ces publicistes qui s'étaient mutuellement
couronnés de lauriers. Ce n'était qu'un prélude, de Melun ne
s'y trompa point. Il ne crut pas devoir abdiquer pour cela son
amour pour une sage et saine liberté, mais il formula mieux sa
pensée à cet égard ; puis il s'en remit docilement à la décision
de l'Église. » Le Concile du Vatican vint mettre un terme à
ces erreurs, et ses décisions proclamées, de Melun donna le
premier l'exemple de la soumission, et s'en montra vraiment
heureux : « Eh bien ! dit-il en entrant dans un salon ami,
l'Église s'est prononcée et j'en suis heureux. C'est un bonheur
surtout dans les temps tels que les nôtres, où la réunion d'un
Concile peut rencontrer tant d'obstacles, que nous soyons
assurés de trouver la vérité dans la parole infaillible de Jésus-
Christ. » Cette victoire de l'humilité et de l'obéissance sur
l'amour-propre et ses vues personnelles le combla de joie et
détruisit l'obstination qui ne mène qu'à l'erreur et à la
tristesse.

Quand vint la guerre de 1870-71 avec son cortège de blessés,
de malades et de mort, de Melun ne manqua point à sa mission
de charité. Là encore, comme par le passé, il fut l'âme d'une
Société qui devait grandir et porter soulagement à d'immenses
douleurs, sous le nom de *Société de secours aux blessés*. Il fit
nommer ou plutôt il nomma lui-même dans chaque ambulance
des aumôniers catholiques, car l'archevêque de Paris auquel
s'étaient adressés les aumôniers volontaires, les avait renvoyés
à M. de Melun : « Voyez M. de Melun, disait le prélat, c'est
le grand aumônier de France. »

Également, quand l'armée française fut vaincue et refoulée
sur Paris, les blessés affluèrent aux gares du Nord et de l'Est.
Mais le bienfaiteur des pauvres soldats avaient tout préparé
d'avance : des lits pour les reposer, des Frères des Écoles
Chrétiennes pour les soigner, des médecins pour les panser,

des aliments pour les refaire, car ils manquaient de tout. Ce n'était pas assez. Avant de faire repartir les militaires, pour des villes plus sûres, de Melun avait soin d'expédier, dans chacune des grandes gares, des ambulances semblables à celles de Paris. Il fut ainsi véritablement la providence des blessés et des malades.

Après la guerre, ses amis, reconnaissant les immenses services rendus par lui à la France dans le malheur, auraient voulu le porter aux élections de 1871, mais il déclina cet honneur : « J'aurai bien assez à faire à me consacrer de plus en plus aux œuvres de charité. Quelle misère menace Paris et la France entière ! » Son cœur, on le sent, est insatiable de charité. En effet, sur la fin de la vie de ce grand homme de bien, plusieurs institutions de secours sollicitaient avec succès son concours, les *OEuvres de patronage*, l'*OEuvre des Orphelins de la Commune*, l'*OEuvre des fourneaux économiques*, l'*OEuvre du vénérable de la Salle*, etc.

Enfin, après avoir donné ses derniers jours aux pauvres, aux ouvriers, aux soldats et aux orphelins, l'apôtre de la charité évangélique mourut le 24 juin 1877, âgé de soixante-dix ans.

« Maintenant, dirons-nous avec son biographe, il a reçu le prix de ses œuvres ; maintenant, espérons-le, il a renoué tous les liens, il a retrouvé cette divine hospitalité, il a vu se lever ce splendide et éternel lendemain desquels il écrivait : « A mesure que nous avançons dans la vie, Dieu nous donne des leçons de détachement de ce monde ; il nous frappe dans ceux qui étaient nos contemporains, nos compagnons de famille et de destinée, et la perte de ceux qu'il faut laisser sur la route rendrait bien pénible la suite du voyage, si nous ne saurions qu'au delà la même divine hospitalité nous attend.

» Comme cette pensée d'un rendez-vous commun, dans le sein du Père de famille, illumine les deuils et adoucit les regrets ! Et comme il faut plaindre les pauvres gens auxquels

l'extrême ignorance ou la fausse science ont refusé la belle
perspective de cet autre côté de la vie et ont enlevé à la mort
son splendide lendemain » (1).

NISARD (Désiré)

LITTÉRATEUR, SÉNATEUR, DE L'ACADÉMIE.

(1806 — 1888)

> « C'est un lien ajouté à tous nos autres liens
> que d'être d'accord sur les croyances de nos
> mères. »   (D. NISARD.)

Dans ses *Souvenirs*, *Désiré Nisard* raconte qu'au début
de ses études il eut pour protecteur l'abbé Nicolle, recteur de
l'Académie de Paris de 1820 à 1826. Il fit sa connaissance à
son premier voyage à Paris, où son père avait l'intention de le
placer comme petit clerc chez un avoué.

« J'accompagnai mon père à la Sorbonne, écrit-il, c'est là
que demeurait cet ecclésiastique. Après un échange de bonnes
et affectueuses paroles sur le passé, l'abbé me prenant par la
main et m'attirant vers lui :

— Et ce garçon-là, demanda-t-il à mon père, que comptez-
vous en faire ?

Mon père lui dit son projet.

— Et quel âge a-t-il ?

— Pas encore quinze ans, dit mon père.

— C'est bien jeune pour faire de la procédure ! murmura
l'abbé. Voyons, voulez-vous me confier votre fils ? Je le fais
recevoir à demi-bourse dans le collège que vient de fonder la
ville de Paris et dont mon frère est directeur. S'il a un prix
au concours général, je lui promets la bourse entière.

La proposition fut acceptée. Nisard eut le bonheur de
remplir la condition imposée par l'abbé Nicolle et lui dut
l'avantage de faire de meilleures études que celles qu'il eût

(1) Mgr Baunard.

faites chez un avoué, ce dont il se montra toujours reconnaissant. Presque au sortir du collège le jeune homme entrait
à la rédaction du *Journal des Débats* en 1826. Après la révolution de Juillet, il fut employé au ministère de l'Instruction
publique. Lié d'amitié avec Armand Carrel, il passa au
National. Ardente fut son opposition au mouvement roman-
tique dont le chef était Victor Hugo. En reconnaissance de ce
beau zèle, M. Guizot le nomma maître des requêtes au Conseil
d'État. En 1842, M. Nisard, élu député, prend place dans les
rangs des ministériels. La révolution de 1848 le rejeta de la
politique, lui laissant sa chaire d'éloquence latine à la Sorbonne.

Peu de temps après, il devenait inspecteur de l'enseignement
supérieur, puis succédait à Villemain comme professeur
d'éloquence française. Enfin, en 1850, l'Académie couronnait
ses mérites en l'appelant dans son sein; il était en même
temps directeur de l'École normale, situation qu'il occupa
jusqu'à sa nomination comme sénateur en 1867.

Outre ses articles de presse, Désiré Nisard a écrit des
Mélanges, des *Études de mœurs sur les poètes latins*, une *Histoire de la littérature française*, des *Souvenirs de voyages*, des
Études critiques et littéraires, sans oublier : *De la littérature
facile et de la littérature difficile*. Ce bagage considérable,
surtout si l'on envisage la somme d'érudition qu'il renferme,
avait été précédé dans sa jeunesse d'un petit volume un peu
grivois, que M. Nisard, devenu professeur au Collège de
France et académicien, ne se pardonna jamais. Aussi le
vit-on à une certaine époque passant en revue les vitrines des
libraires, des bouquinistes, remontant les quais et achetant
partout où il le rencontrait le petit ouvrage compromettant
pour sa réputation d'homme sérieux. C'était M. Nisard parvenu
à la maturité de l'âge faisant disparaître l'œuvre du jeune
Nisard, autrefois rédacteur au *National*. Il s'est éteint de
vieillesse en 1888, âgé de quatre-vingt-deux ans dans, sa villa
de San-Remo, le lieu de sa retraite. Sa vie retirée en ces

dernières années fut cause qu'il était peu connu de notre génération et que beaucoup le croyaient mort, le silence s'étant fait sur son nom. Et cependant son existence fut très active à un moment de notre histoire. Sans remonter bien haut dans le cours du siècle il vient une époque où l'écrivain est nommé à chaque pas.

C'était un savant véritable et un théoricien habile. Parti du *Journal des Débats* et du *National*, où il s'était montré polémiste intrépide, écrivain disert, contempteur ardent du mouvement littéraire de notre époque, il arriva à être député, directeur de l'École normale et académicien. C'est le cas de dire, une fois de plus, que le journalisme conduit à tout, « pourvu qu'on en sorte. »

Sainte-Beuve a dit de Nisard : « Il parle au nom du sens et du goût, avec instruction, esprit et talent. Il prend intérêt à toutes sortes de choses et y porte une expression abondante, redondante parfois, mais claire, sensée, une foule d'observations morales qui plaisent à beaucoup d'esprits modérés et distingués qui enchantent beaucoup d'esprits solides. Un académicien lui a trouvé du nerf, les savants lui trouvent de la grâce. »

Sous le ministère Guizot, Nisard fut tour à tour maître des conférences à l'École normale, chef du Secrétariat au ministère de l'Instruction publique, chef de la division des lettres et des sciences, et enfin, de 1842 à 1848, député de Châtillon-sur-Seine.

Chose curieuse : le ministère Guizot, combattant son élection, M. Nisard maintint sa candidature quand même. « J'arriverai pour vous et contre vous…, dit-il », à cette occasion, à à M. Guizot. Et il arriva.

Il arriva plus haut encore, car il s'était rallié franchement au coup d'Etat et fut préféré par l'Académie française à Alfred de Musset.

Ce coup de fortune, joint à la faveur constante qui s'attachait

à la carrière de M. Nisard, avait éveillé bien des susceptibilités. M. Nisard était devenu la cible des plaisantèries
qu'on décochait volontiers, à cette époque, aux favoris du
pouvoir. Ce fut un feu de file continuel auquel M. Nisard
semble avoir tenu tête avec quelque crânerie. Un véritable
orage éclata, en 1855, lorsque, dans une de ses leçons
au collège de France, le professeur se risqua, un jour,
à déclarer que les États ont parfois une morale indépen-
dante de celle des particuliers.

En cette circonstance, M. Nisard fut l'objet d'un chari-
vari pareil à celui dont lui-même s'égayait dans sa jeunesse.
Il y eut procès, scènes de tumulte. Le professeur n'en
continua pas moins son cours sous la protection de la
police, et peu après, il reçut, sans doute, en récompense,
de Napoléon III, la croix de commandeur de la Légion
d'honneur.

Dans le milieu universitaire où vécut le littérateur, les
conseils de sa pieuse mère et les exhortations de l'abbé
Nicolle furent vite oubliés.

Écoutons-le raconter plus tard comment, au collège, comme
tant d'autres il perdit la foi de son enfance :

« La classe de rhétorique, où j'entrai à la fin de 1823
me donna un nouvel ami. Élevé par une mère pieuse,
Lemoine-Montigny avait apporté au collège des sentiments
chrétiens. Il ne s'en cachait à personne, mais il m'en
avait fait à moi une confidence particulière. Ce fut pour
nous, non pas un sujet de dissentiment, grâce à Dieu,
mais une occasion de nous regarder de plus près et de
pénétrer l'un dans l'autre plus avant. Il faut bien que j'en
fasse l'aveu : depuis mon séjour à Paris, j'étais devenu une
façon de libre-penseur. Je n'avais plus mon père pour me
redresser, je n'avais plus la douce éducation des tendresses
et des exemples de ma mère. Les parents qui me servaient

de correspondants en voulaient un peu à la Religion du tort que lui faisait le gouvernement de la Restauration en la mêlant à la politique. Je rapportais de leur commerce tout au moins le doute, et comme le doute, en ces matières, par l'inquiétude qui s'y attache, a besoin de complices, j'en cherchai un dans mon ami. Je trouvai un croyant doux, tolérant, mais inébranlable. Je l'attaquai avec la double exaltation de la jeunesse et d'une amitié passionnée.

Nous échangions de longues lettres. C'était du temps pris sur nos devoirs de classe; mais, en fin de compte cette correspondance écrite avec ardeur et sincérité n'y nuisait pas. Il en passait quelque chose dans nos discours de rhétorique. Je fus le premier à me lasser de cette polémique, qui, bien loin de m'affermir dans mon doute, me donnait le scrupule de troubler mon ami dans sa foi et je mis fin à mes lettres. Quant à lui, il ne fit rien pour rallumer un feu qui s'éteignait de lui-même. Voilà bien longtemps que nous ne disputons plus sur ces choses, et c'est un bien ajouté à tous nos autres biens, que d'*être d'accord sur les croyances de nos mères* et sur l'espérance de les revoir. »

Aussi, pendant toute sa vie politique, **M.** Nisard négligeat-il les pratiques de la vie chrétienne; ses vertus furent simplement celles de l'honnête homme. Et malgré cela, établissant dans un de ses cours un parallèle entre ces vertus tout humaines et les vertus que nous a enseignées Jésus-Christ, il faisait admirablement ressortir l'immense supériorité de celles-ci. Au jugement de ses auditeurs, on aurait cru entendre un écho des Pères de l'Église. Que de touchantes révélations, que de religieux accents nous trouvons çà et là dans ses ouvrages! Comme il comprenait bien ce que le catholicisme possède de force intime, de puissance mystérieuse pour le bien des individus et des sociétés!

Un voyage qu'il fit à Rome lui laissa les plus doux souvenirs :

« Admis en présence de Pie IX, dit-il quelque part, j'ai cru voir s'épanouir sur sa douce et spirituelle figure, toutes les qualités évangéliques. Aujourd'hui que le temps des disgrâces est venu pour lui, je ne veux pas me prêter à un acte qui en serait une de plus et non pas des moins amères. » Nobles sentiments.

Nisard parlait ainsi faisant allusion aux manœuvres que proposait un des membres les plus influents de l'Académie pour faire élire certain écrivain, dont la nomination ne pouvait que déplaire au Souverain Pontife. M. Nisard, refusa en effet, de s'associer à cet acte d'impiété et d'outrage au vicaire de Jésus-Christ.

Son âme était trop droite pour persévérer dans la voie de l'indifférence jusqu'à la fin de sa carrière. Revenu en vieillissant à ses croyances d'autrefois, il subit l'heureuse influence de son frère Auguste Nisard, inspecteur de l'Université, puis doyen de la Faculté des lettres à l'Institut catholique de Paris, et littérateur non moins éminent que son aîné. Désiré Nisard, revenu complètement à Dieu, répara par sa piété l'indifférence de ses longues années et sa fin fut très édifiante.

Terminons par ce beau passage, écrit par lui, sur la puissance de Dieu.

« Il n'y a que la Bible qui ait dit une grande et incomparable chose sur la mer ; c'est ceci : *Tu n'iras pas plus loin.* Rien ne donne mieux, ni plus complètement la double idée de force et d'impuissance. Ces flots infatigables qui reviennent sans cesse battre le rivage, et qui, sans cesse refoulés, reviennent à la charge avec des efforts inégaux, comme s'ils se lassaient quelquefois ; qui, à vingt pas de la rive, vous briseraient comme un verre et qui se brisent eux-mêmes en écume à vos pieds ; tout cela n'a été bien exprimé que par Dieu dans ce mot : *Tu n'iras pas plus loin.*

» On ne dit une telle chose qu'à un être fort, plus fort que tout dans la limite qui lui a été tracée ; on ne dit une telle chose qu'à la foudre, au torrent, à la mer ; et on ne les dit *que quand on est Dieu.* »

NOAILLES (Paul de)
LITTÉRATEUR, DÉPUTÉ, DE L'ACADÉMIE.
(1802 — 1887)

« Sa mort comme sa vie fut un exemple. »

Le duc *Paul de Noailles* appartenait à l'une de ces familles qu'on peut appeler vraiment nobles, parce que leur noblesse n'est pas fondée seulement sur l'ancienneté du nom et sur l'éclat des titres, mais sur la continuité des services rendus à l'État et à la Religion, familles dans lesquelles on voit se succéder de génération en génération les maréchaux de France, les ministres, les évêques et les ambassadeurs.

L'illustration des Noailles date de plusieurs siècles.

Jean-Paul de Noailles, oncle du duc Paul, était réfugié en Suisse, quand il apprit la mort, en un seul jour, de sa mère, de sa femme et d'une fille. Le Consulat lui ouvrit les portes de la France, la Restauration lui donna un siège à la Chambre des Pairs. Il mourut sans laisser d'enfants ; son neveu Paul succéda à ses titres et à la Pairie. Le nouveau Pair de France ne put siéger qu'en 1827, n'ayant pas l'âge requis ; mais si l'âge lui manquait, rien ne lui faisait défaut pour faire grande figure dans le monde où il entrait. Pendant de longues années, il devait y occuper une des premières places.

Après la Révolution de Juillet, le duc de Noailles conserva son siège et prit fréquemment la parole dans la nouvelle Chambre, surtout dans les questions de politique étrangère, et en toute occasion, pour défendre la monarchie. Cette parole, grave et mesurée, ne se faisait jamais entendre sans produire une impression favorable. De bonne heure, l'orateur avait eu ce don si rare et si apprécié dans les assemblées : l'autorité.

En 1833, le salon de Mme Récamier était dans tout son éclat. Le duc en faisait partie depuis un an. Il avait eu l'avantage d'entrer dans l'amitié de cette femme d'esprit. Celle-ci avait deviné d'un coup d'œil la délicatesse de cœur qui, chez le duc de Noailles, se cachait sous des manières réservées et presque froides. Il a été le dernier, (elle-même le disait) à qui elle avait donné le titre de véritable ami. Chateaubriand également prit de Noailles en grande estime, appréciant la maturité précoce de son esprit et de son jugement, aimant à lui communiquer quelques-uns de ses écrits ; et si son jeune ami en donnait lecture à haute voix, c'était vraiment pour lui une fête. Le duc de Noailles, en effet, disait à merveille, et quand il citait les auteurs du grand siècle qu'il possédait à fond, personne n'aurait pu mieux les faire valoir. Les littérateurs du temps se souviennent qu'un soir, dans un salon célèbre, pour donner la réplique à la grande tragédienne Rachel, on eut recours au seigneur lettré, car, seul peut-être dans la société, il pouvait à l'improviste et sans embarras donner la réplique à la célèbre tragédienne.

Le duc de Noailles vivait au milieu d'une atmosphère de littérature et d'art, et il aspirait à s'y livrer. Aussi, après la révolution de 48, écarté de la vie publique, fit-il volontiers ses adieux à la politique et se tourna vers les œuvres littéraires et de charité. A cette date, on vit paraître : *Histoire de la Maison royale de Saint Louis*, à laquelle il ajouta bientôt une *Histoire de Mme de Maintenon*, aussitôt son élection à l'Académie en remplacement de Chateaubriand. C'était en 1849.

L'assemblée des immortels posséda pendant près de quarante ans le duc de Noailles, et tous étaient heureux de

Le Duc de NOAILLES
DOYEN DE L'ACADÉMIE FRANÇAISE

retrouver en lui un confrère sûr et distingué, affable et réservé en même temps.

Le nom de Noailles, si grand dans l'histoire de France, devait être illustré par le duc Paul dans l'histoire des œuvres de charité au XIXe siècle. C'est à l'*Œuvre Saint-Nicolas pour l'éducation et l'instruction des jeunes gens* que ce nom fut connu principalement.

Déjà le comte Victor de Noailles, son oncle, avait bien voulu être l'homme d'affaires et l'humble catéchiste de Saint-Nicolas. Pour cette œuvre il quêtait chaque année, et toujours il trouvait le moyen de faire produire à la quête les sommes nécessaires au fonctionnement de l'œuvre. Le duc Paul, en entrant au Conseil, y retrouvait non seulement les traditions de son oncle, mais toutes celles de cette grande race, aussi féconde en dévouement qu'en gloire, et dont un des membres, archevêque de Paris et cardinal, faisait fondre son argenterie. pendant l'hiver de 1709 pour venir au secours des pauvres et mourait en 1729, laissant sa fortune aux hôpitaux.

Le regretté vice-président de Saint-Nicolas était digne de porter ces nobles souvenirs.

Dès le premier jour, en 1859, et jusqu'au dernier de sa vie, Saint-Nicolas a tenu une grande place dans son cœur et dans son existence. Nul de ceux qui l'ont vu à l'œuvre n'a oublié avec quelle assiduité, avec quel zèle ce grand seigneur, ce descendant de quatre maréchaux de France, daignait présider les séances du Conseil d'administration, apportant à ces débats et aux moindres détails des affaires cet esprit fin et délicat qui était le propre de son talent, et surtout cette modération élevée qui, suivant une heureuse définition de M. de Falloux, caractérisait le duc de Noailles. Nul ne comprenait mieux le rôle de président ou de rapporteur dans les séances générales de l'Œuvre; nul également ne savait mieux faire toucher du doigt les besoins de la classe ouvrière.

« Pour que le mouvement social ne produise que de bons

effets, disait-il, il faut que son élément principal soit bon. Or quel est ce principal élément? C'est la classe ouvrière, c'est le peuple. Et quel moyen peut rendre bon cet élément? C'est l'éducation du peuple, l'éducation religieuse et morale, l'instruction, le respect enseigné pour l'ordre, le droit et la loi, les idées saines qui, en conservant à l'homme sa dignité, lui font comprendre les conditions nécessaires de la société humaine, où, après tout, sous une forme ou sous une autre, et à des degrés divers, le monde entier travaille; l'éducation, enfin, qui pourvoira à l'intérêt de la classe ouvrière sous le triple rapport matériel intellectuel, et moral.

» C'est à ce besoin public que Saint-Nicolas répond, et sa création est une pensée juste qui arrive à son heure. C'est une œuvre sociale. Telle est la mission qu'il s'est donné.... C'est assurément l'une des œuvres les plus utiles de nos jours. Cette utilité ressort du but qu'on s'est proposé. Quel est ce but? Donner, à un prix modique, aux enfants des classes ouvrières, non seulement l'instruction primaire, mais l'éducation et un métier.

» Voilà déjà longtemps que, dans notre siècle, on s'occupe de répandre l'instruction primaire; on s'en occupe surtout aujourd'hui et on a raison. C'est un puissant moyen de civilisation; *mais l'instruction primaire ne suffit pas....* Il faut, en effet, donner à la classe ouvrière ce dont jouissent les autres classes, et ce sera au profit de la société tout entière... Il faut des établissements où elle trouve l'éducation morale et religieuse unie à l'enseignement de l'industrie et des métiers. Il faut que l'enfant de l'ouvrier y apprenne les moyens de gagner sa vie, mais il faut qu'il apprenne en même temps les principes qui l'en feront bien user. Il trouve rarement ces deux avantages réunis dans l'intérieur de sa famille, ce qui tient aux conditions d'existence qu'elle subit. Ce qui est souvent un écueil dans les classes riches, l'intérieur des familles, l'est plus encore dans les classes pauvres, par mille causes qui ne dépendent pas d'elles. C'est donc un grand service qu'on rend à la société et aux progrès de la civilisation que de donner à la classe ouvrière ces moyens qui lui manquent, à des conditions qui lui permettent de s'en servir.

» C'est ce que Saint Nicolas a voulu faire, et c'est le problème qu'il a résolu. Il a créé deux choses qui n'existaient pas avant lui: l'éducation du peuple réunie à l'apprentissage des métiers. »

Et le noble ami des enfants terminait, en 1870, son rapport en donnant aux jeunes gens ces excellents conseils :

« Chers enfants, nous avons parlé devant vous un langage au-dessus de votre âge, et cependant c'est à vous qu'il appartient de le justifier. C'est à vous à nous donner raison dans tout ce que nous avons dit. Devenez bons, honnêtes, intelligents, laborieux ; conservez les principes religieux et moraux que vous recevez ici, le bonheur de votre vie s'en ressentira, et ce sera votre manière de témoigner à Saint-Nicolas votre reconnaissance.

» C'est un point d'honneur pour vous, car c'est vous qui ferez sa réputation, si vous devenez d'honnêtes gens et de bons citoyens. »

Protecteur des Frères des Écoles Chrétiennes, M. de Noailles montrait ainsi sa prédilection pour l'enfance et se préoccupait vivement de lui procurer des maîtres qui eussent à cœur de veiller sur ses croyances et de la former à la vertu.

Après les douloureux événements de 1870 et de 1871, le duc de Noailles, par patriotisme et malgré son grand âge, avait accepté l'ambassade de Saint-Pétersbourg. Personne n'était mieux qualifié que lui pour nous représenter auprès d'une nation généreuse qu'il avait toujours considérée comme l'alliée naturelle de la France. Il déclina cette mission dès qu'il aperçut le but auquel tendait la politique intérieure de M. Thiers. Toutes les ressources de cet esprit ne parvenaient pas à lui faire voir dans la République conservatrice autre chose qu'une ingénieuse théorie. Pour lui, son parti était pris et sa route fixée ; il n'espérait plus que dans la réconciliation entre les deux branches de la maison des Bourbons, gage d'une autre réconciliation : celle de la France avec elle-même. Il a vécu assez pour voir se réaliser la première moitié de ce vœu.

Dans la longue vieillesse du duc de Noailles, rien ne vint démentir sa vie passée ni affaiblir le charme de ses relations, rien ne vint diminuer l'aménité de son caractère, auquel le culte des lettres ajoutait un attrait de plus.

Le moment approchait où l'existence, dont il avait toujours noblement usé en homme de foi ferme et convaincue, allait se terminer ici-bas pour lui. Les croyants attendent la mort sans trouble ; ils envisagent avec confiance la mystérieuse transformation qui va s'opérer ; elle peut arriver inopinément, elle ne les surprend pas. Le duc de Noailles s'y était dès longtemps préparé. Sans défaillance, sans fausse humilité, avec foi et confiance, continuant la tradition de ses aïeux, il est mort fidèle à son Dieu et fidèle à son roi.

Ce fut en 1887 : sa mort comme sa vie a été un exemple.

« Il s'est acheminé, a dit M. Hervé à l'Académie, vers sa dernière demeure escorté de tout ce qu'il avait aimé dans ce monde : sa famille d'abord, cette famille qui semblait accompagner le cercueil d'un patriarche ; l'Académie, qui avait tenu tant de place dans ses pensées ; la noblesse française, qui était là tout entière ; la monarchie, qui y était représentée ; les pauvres qui connaissaient son infatigable charité, avec les enfants du peuple auxquels il faisait donner l'instruction, et, à côté d'un chef glorieux de notre armée, des Frères des Écoles Chrétiennes, auxquels il fut si dévoué.

C'était bien là le cortège qui convenait à ce galant homme dont la vie entière a été dominée par des sentiments élevés : l'amour, et je dirai le culte de sa maison, le goût des lettres, la foi religieuse et la fidélité politique. »

PIE (Mgr)

ÉVÊQUE, CARDINAL.

(1815 — 1880)

> « Si vous êtes condamné à voir le triomphe
> du mal ne l'acclamez jamais. Ne dites jamais au
> mal : tu es le bien ; à la décadence : tu es le
> progrès. »   (Card. Pie.)

Le nom du cardinal Pie a jeté un éclat si pur et si vif en notre pays qu'une large place lui est due dans cette liste des hommes célèbres du xixᵉ siècle. Pendant quarante années, le grand évêque a mis au service de l'Église et de la France une haute intelligence, un vaillant caractère, un cœur véritablement dévoué ; trois qualités que l'on retrouve rarement à un tel degré.

Fils d'ouvriers, né en 1815 au pays de Chartres, *Louis-Édouard Pie* avait peu gardé le souvenir de son père, qui lui fut enlevé de bonne heure. Sa mère fut tout pour lui :

« L'humble femme que Dieu me destinait pour mère, écrit-il, était née dans des temps mauvais. Les temples, longtemps fermés ou affectés à des usages profanes, n'avaient été rouverts que pour se fermer aussitôt. Baptisée en secret par un prêtre assermenté, elle fut privée dans son enfance de ces ressources d'éducation chrétienne, dont elle s'est tant appliquée depuis à procurer le bienfait aux autres. Elle trouvait sous le toit paternel une probité rigide, une moralité irréprochable et par suite une considération acquise et méritée. »

Ce que fut le jeune Pie aux mains d'une telle mère, on peut le deviner. Aussi les dons de la piété ornèrent promptement le cœur de l'enfant, et les paysans, ses voisins, s'écriaient déjà :

— Vous verrez qu'il sera prêtre, et peut-être mieux que cela.

Un jour, en effet, à l'époque de sa première communion, Édouard déclara publiquement et fermement qu'il serait prêtre. Il fut aussitôt confié aux soins du vieux curé de Pontgouin, sa paroisse natale :

« En fait de latin, disait-il plus tard, je n'ai guère appris qu'à y décliner le mot *cornu* au singulier. »

Entré bientôt au séminaire de Saint-Chéron, il étonna ses condisciples et ses maîtres par ses dispositions précoces. Chaque fois qu'on allait proclamer les places obtenues dans les compositions, ces mots couraient sur les bancs de la classe :

— Premier, Édouard Pie ! »

Et rarement on était trompé. Épris de la poësie latine, le brillant élève savait Virgile par cœur, et c'est du poète latin qu'il sut emprunter cette grâce harmonieuse du style, caractère particulier de ses écrits.

L'année de rhétorique fut employée à l'étude des grands orateurs sacrés : Fénelon et Bossuet, Bourdaloue et Massillon, en même temps qu'à celle de la littérature contemporaine dans ce que celle-ci avait de louable.

C'était pour Édouard le moment de choisir une carrière. L'Université le sollicitait : il refusa. Quelqu'un s'étant oublié à dire qu'il avait trop d'esprit pour se faire prêtre, il répondit simplement :

— Si Dieu m'a donné de l'esprit, c'est apparemment pour son service. Si je refusais de le lui consacrer, je trahirais ses bienfaits et je me perdrais moi-même.

Nommé professeur de ce même séminaire d'où il sortait, Édouard Pie fut écouté et aimé de tous ses élèves, dont quelques-uns s'attachèrent toute leur vie à cet habile maître. En 1835, son évêque le conduisait à Saint-Sulpice, où chaque année était envoyée l'élite des séminaristes du diocèse.

« *Ad quid venisti ?* Pourquoi suis-je en ce monde, pourquoi suis-je dans ce séminaire ? »

Telle fut la première question que le jeune clerc voulût se poser. Et il répondait :

« Vous m'avez envoyé en ce monde, ô mon Dieu, pour vous connaître, pour vous aimer et vous servir ; et dans ce séminaire pour vous faire, un jour, connaître, aimer et servir. »

« Je le vois encore arriver parmi nous, écrivait plus tard Mgr Duquesnay, alors élève de Saint-Sulpice. Sa constitution paraissait frêle et délicate ; sa taille était élancée, son front large et développé, sa bouche fine et souriante ; ses yeux bleus étaient vifs et doux, très doux. Sa mise, tout en étant toujours correcte, accusait sinon la pauvreté, du moins la nécessité d'une stricte économie. En effet, ce futur prince de l'Église, issu d'une famille très humble, venait étudier à Paris aux frais de son diocèse.

» Dès le premier jour, il avait conquis sur nous tous une supériorité qu'il s'efforçait de dissimuler sous les dehors les plus modestes et les plus aimables. Dès ce moment, il révéla deux qualités maîtresses : la solidité de son jugement et la variété de ses connaissances, puis la grâce incomparable de sa parole. Nul ne répondait comme lui aux questions de ses maîtres, nul n'argumentait avec une telle logique, nul n'avait, comme lui, la mémoire richement fournie de textes de l'Écriture et des Pères. Quant à l'élégance et au charme de la parole, c'est dans une réunion de jeunes gens de la paroisse Saint-Sulpice que se révélèrent ses rares qualités qui grandirent chaque jour. »

Avec la théologie, deux sortes d'études captivèrent surtout son esprit : l'accord de la Genèse avec les sciences modernes et l'étude de l'Écriture Sainte, qu'il devait parvenir à s'approprier avec un bonheur d'assimilation sans égal dans notre siècle :

« Il est si consolant, disait-il, pour un esprit chrétien

de voir la source des objections contre le christianisme
se changer en un trésor de démonstration ! »

Et au sujet des écrivains sacrés :

« Non, non, jamais homme n'a parlé comme ces hommes ;
jamais Homère, ni Hérodote n'ont parlé comme Job et
Moïse ; jamais Pindare n'a parlé comme Isaïe ; jamais aucun
sage, s'appelât-il Platon, n'a parlé le langage des para-
boles de Jésus et de ses béatitudes. Jamais Tacite et
Tite-Live n'ont parlé comme saint Luc et saint Jean ;
jamais Démosthène et Cicéron n'ont parlé comme saint
Paul. »

Mais bientôt une autre science, celle de la vie, celle
du monde et des hommes, avec leurs passions bonnes ou
mauvaises, vint de bonne heure occuper son intelligence.
L'abbé Pie était prêtre. Nommé vicaire à la cathédrale
de Chartres, il comprit vite quel genre d'occupation l'attendait. Loin de se donner tout entier au ministère extérieur,
il accordait la meilleure partie de son temps à l'étude.
La dogmatique, l'histoire ecclésiastique, la morale, la science
des âmes dans la génération contemporaine, telles furent
les sujets de ses travaux intellectuels, desquels rien ne
put le détourner : ni les relations de société, ni l'exercice
du saint ministère, ni le besoin de repos, à tel point que
vers la fin de sa vie il se rendait ce témoignage :

« J'ai beaucoup d'autres misères pour lesquelles Dieu
n'aura que trop de raisons de me juger sévèrement, mais
du moins, il me semble que j'ai la conscience nette du
péché de paresse. »

Le travail persévérant lui était, certes, nécessaire dans
les luttes où son zèle et le malheur des temps allaient le
jeter. Déjà il entre en lice. Ses premiers discours, qui
ont pour sujet l'éducation des enfants dans la famille, au
collège et dans l'Église, le révélèrent promptement. Il y

dénonçait l'ennemi : l'Université. Abrité derrière un passage
de saint Jean Chrysostome, il déclarait et prouvait qu'un
père de famille qui livre son fils à cette institution est
homicide de l'âme de son enfant ; il dénonçait l'éducation
sceptique qui faisait abstraction de la religion et des âmes ;
il dénonçait hardiment l'état moral de nos lycées, qu'il
retrouvait dans les lycées païens du cinquième siècle. Le
jeune orateur était écouté avec un vif intérêt, et les encouragements de son évêque ne lui manquaient pas.

Ces succès l'invitaient à monter plus haut dans l'ensei-
gemement religieux. Le plan d'un cours d'apologétique fut
conçu. L'abbé Pie devait le suivre chaque fois qu'il mon-
terait dans la chaire de la cathédrale.

Un premier tableau montrait la supériorité de la religion
chrétienne dans tous les genres de grandeur et ses inces-
sants triomphes dans ses constantes épreuves, dans les
trahisons de l'hérésie, du sophisme et de la politique,
dans les spoliations et les brigandages de la Révolution,
dans le dénuement de ses ministres, réduits à mendier
leur pain au budget des cultes. On n'était qu'en 1850 ;
à quel degré d'énergique vérité l'éloquence du jeune orateur
n'eût-elle pas atteint en 1892 ? Il concluait en mettant
dans la bouche de l'Église ces paroles :

« Ah ! j'en atteste l'univers ! si c'est le propre de la
vérité d'être toujours combattue et persécutée sur la terre,
je puis me flatter que personne plus que moi ne possède
ce signe : *In quo quis audet, audeo et ego, plus ego.* »

Dans le discours suivant, l'apologie fait un pas considérable. Supérieur dans l'ordre humain, combien le christianisme ne l'est-il pas davantage quand on le considère au
point de vue de la Révélation? De là, la supériorité de la
grâce sur la nature. Cette dernière, cependant, n'est pas
écrasée ; la révélation, sœur de la raison, invite celle-ci
à se jeter dans ses bras, et la raison au nom de leur

père commun suppliera la religion d'oublier son crime et de la prendre pour esclave.

« Non, ma sœur, non, vous ne serez pas esclave, mais je vous traiterai comme sœur, et je vous donnerai dans mon royaume un domaine plus fertile que celui de Gessen. »

Cette manière si séduisante et si nouvelle plaisait singulièrement à l'auditoire devenu de jour en jour plus nombreux.

De là, passant à l'ordre social, l'abbé Pie revendiquait la liberté de l'Église contre « les princes conjurés et les nations frémissantes, » montrait le tableau de la Pologne en sang, de l'Angleterre apostate, de l'Espagne déchirée, de la France où grondait la Révolution, de l'Allemagne persécutrice. C'était l'heure où la Prusse venait de jeter en prison les archevêques de Cologne et de Posen :

« Leur crime, ô sainte Église, est de ne pas vouloir te trahir, s'écriait-il, leur crime est d'obéir à Dieu plutôt qu'aux hommes... Pleurez, Église de Cologne, sur la chaire de votre pasteur, mais demandez à Dieu qu'il meure dans son exil plutôt que d'accepter des mesures de transaction que Rome n'avouerait pas. »

Et après avoir dit, au sujet de la France, qu'il appartenait à la religion seule de relever les ruines de l'édifice social, l'orateur déclare, avec saint Augustin, que « l'Église, fille du roi du ciel, ne saurait être en sous-ordre : toute captive qu'elle soit, elle veut qu'on la traite en reine, non par grâce, mais de droit. »

Après de tels débuts, on pouvait croire que ce genre d'éloquence visait à conquérir la renommée et la réputation :

« Dieu m'est témoin, s'écriait-il, que je n'ambitionne point la gloire d'orateur, ni ne poursuis les périodes de l'éloquence humaine... Tous, tant que nous sommes, nous n'avons nul besoin de l'applaudissement des hommes ; nous n'avons qu'un besoin : servir la cause de Dieu et de son Église sainte. »

On eût voulu lui imposer silence, car il s'attaquait aux idoles de l'enseignement du jour : c'était Michelet, Quinet, Cousin, qu'il dénonce comme des maîtres dangereux. Mais le courageux prêtre ne peut se taire.

« Non, non ; tant qu'une goutte de sang coulera dans nos veines, nous protesterons, Seigneur, du geste et de la la voix, contre l'effet audacieux et insolent de l'erreur. »

On sent naître, dans ces énergiques paroles, un grand talent et battre un cœur viril. Cette âme va grandir, parce que son éloquence est inspirée par la vérité et la charité : *in omni patientia et doctrina;* par l'amour de Jésus-Christ et de son Église, par l'amour des âmes et de la France chrétienne. Le jeune orateur n'emprunte pas ses effets oratoires à l'art humain, sa parole est éminemment évangélique. Nul déjà ne sait mieux que le brillant vicaire de la cathédrale de Chartres adapter la sainte Écriture aux divers sujets et aux circonstances les plus variées. Ce qui fera dire plus tard à un illustre personnage de la cour de Rome :

— Quel merveilleux texte d'Écriture Sainte vous savez trouver ! Il faut qu'il y ait pour vous une germination de la Bible au jour, à l'heure, au coup de soleil qui vous convient.

Aussi accourait-on de toutes les paroisses de la ville et des environs, dès l'annonce d'un sermon dans l'église où il était appelé. Et ce n'était pas seulement à la cathédrale que sa voix se faisait entendre, les communautés religieuses l'appelaient à faire entendre sa parole dans leurs chapelles, les curés à leurs paroisses, tous s'estimant heureux d'écouter un orateur si puissant.

Tout en lui parlait en sa faveur.

« Je me rappelle, écrivait un de ses auditeurs, le bonheur

que j'éprouvais à voir monter en chaire ce grand et noble
jeune homme à la figure émaciée, comme celles de nos
expressives statues du xii⁰ siècle. Son front, déjà très développé, brillait comme l'ivoire, encadré dans sa chevelure de
feu. Il commençait par se tourner du côté de l'autel pour y
chercher lumière et bénédiction ; puis son regard perçant se
promenait sur tout l'auditoire, comme pour en prendre possession. Alors, un sourire d'une bienveillance communicative
se plaçait sur ses lèvres, semblant répondre à la voix intérieure de la vérité qui le pressait de parler. Il parlait : sa
voix limpide, fraîche et bien cadencée, pénétrait de toutes
parts avec des modulations qui lui étaient particulières et qui
faisaient de son discours une belle musique. On oubliait sa
jeunesse qui semblait être celle de la vérité elle-même,
toujours ancienne et toujours nouvelle, toujours jeune de
beauté et d'immortalité. On était emporté par toutes les
puissances de l'esprit, sans qu'on songeât à se soustraire à
cette fascination de l'oreille et de l'âme; et on ne regrettait,
quand il avait fini, que de voir se rompre le charme sous
lequel il nous avait tenus trop peu de temps. Mais on sortait
instruit, fortifié, ému. Telles intelligences emportaient de là
des germes qui devaient produire leurs fruits; telles autres
en emportaient du moins le respect secret de ce qu'ils
n'osaient croire et professer en public; tous en sortaient
édifiés à différents degrés; et si l'on a vu se créer dans la
paroisse un courant de piété vraie qui persévère encore,
c'est en très grande partie au jeune vicaire que Chartres en
est redevable. »

Mgr Baunard qui cite cette page (1), ajoute :

« C'est bien la parole de Dieu, le prédicateur l'emprunte
aux livres inspirés. C'est la parole de vérité : il n'y souffre
pas de mélange. C'est la parole de vie : il ne prêche que le
salut. Puis, de quelle forme il la revêt, grande, lumineuse et

____

(1) *Histoire du cardinal Pie.*

pure ! Et quelle langue parle ce jeune maître dans l'art de bien dire ! C'est bien la vraie langue ecclésiastique. »

Tels furent les heureux commencements de l'abbé Pie dans le ministère des âmes. Telle fut sa première parole, sa première vie, sa première action ; et bien que l'exercice en soit encore resserré dans les limites d'une paroisse et d'une petite ville, il faut convenir que déjà ses proportions dépassent en élévation et en grandeur le théâtre où elle prélude à son rôle de l'avenir. Aussi bien, par un autre côté, ses relations et ses travaux vont au-delà de Chartres et du diocèse. Il est déjà mêlé à l'action générale par la part qu'il y prend et débute par un coup de maître.

Non content de glorifier l'Église par sa parole, l'abbé Pie voulait aussi la venger par ses écrits. L'occasion se présenta. Comme un historien laïque, à la façon de Michelet, en écrivant sur Notre-Dame de Chartres s'était livré, en 1841, à toutes ses fantaisies d'esprit fort sur l'Église, le moyen-âge, la papauté, l'épiscopat, les saints, les indulgences, la liturgie catholique et le reste, l'abbé Pie fut indigné, et il écrivit dans l'*Univers* divers articles et notes critiques, où l'auteur traqué de page en page, était surpris en flagrant délit et convaincu d'ignorance, de fausseté et d'indécence grossières. Divers journaux, et parmi eux *le Constitutionnel*, s'étant hasardé à répliquer reçurent de vertes réponses.

À cette dernière feuille, l'abbé Pie avait riposté par un article où, parlant des déclamations de l'ignorance, il terminait par ces mots : *requiescat in pace*. C'était l'enterrement de ces mensonges impies. Il n'en fut plus question.

Cependant les mérites du jeune orateur avaient franchi les limites de la province et sa réputation était assez fortement établie pour que Mgr Fayet, évêque d'Orléans, orateur lui-même et écrivain de la meilleure marque, crut devoir lui demander de prêcher le panégyrique de Jeanne d'Arc, le 8 mai 1843.

En réalité, aucun sujet ne pouvait être plus sympathique à l'abbé Pie : une vierge, une guerrière, une martyre; l'Église, le moyen-âge, la royauté, la France; c'était toutes ses études, toute son âme, sa vie d'intelligence, de cœur et de foi. L'effet de ce discours fut immense. Un bon juge en cette matière écrivait après l'avoir entendu :

« Ce discours a enlevé *tous* les suffrages. Pendant une heure au moins, il a suspendu tous les auditeurs à ses lèvres, et je n'exagère pas en vous disant qu'on aurait applaudi, n'eût été la sainteté du lieu. C'est un beau triomphe, car, certes, notre ami posait en dogme des idées qui n'étaient guère celles de la plupart des assistants. On fait imprimer ce discours. J'en suis sorti sous une émotion fébrile. Malheur à ceux qui lui succéderont! C'est à y renoncer. »

Aussitôt, le comte de Chambord envoya ses félicitations au brillant orateur, puis vinrent celles de Montalembert, de M. de Falloux, de Mgr Morlot, etc.

« Cette gloire oratoire, dit son panégyriste, fut le dernier coup de soleil qui mûrit la réputation de l'abbé Pie. »

Mgr de Montals, évêque de Chartres, obéissant à l'opinion publique autant qu'à son affection, le nomma, malgré sa jeunesse, son vicaire général.

C'était en janvier 1844. Cet honneur insigne, à vingt-neuf ans, ne troubla point la modestie de l'abbé Pie :

— Les séductions de ce qu'on appelle une bonne fortune, disait-il, ne peuvent atteindre mon cœur (1).

Et sans se faire illusion sur la fragilité de cet honneur, il ajoutait :

— La mort du vénérable évêque peut tout changer pour moi; une nouvelle administration peut me briser ou m'éloigner. Il en sera ce que Dieu voudra! Je suis si peu sensible

---

(1) Mgr de Chartres commençait à perdre la vue : faisant allusion à sa cécité naissante, quelques esprits critiques avaient dit : « Hélas, il est notoire que Monseigneur n'y voit plus, car voici qu'il a pris une pie pour un aigle. »

au bonheur de ce qu'on appelle *avancement* que je me crois de force à supporter la reculade.

N'est-ce pas la pierre de touche du vrai mérite que cette humilité, cette modestie disposée à accepter le mépris comme les honneurs.

La prédication, telle était sa voie désormais, il l'avait reconnue. Et vraiment comme il y prenait goût et s'y livrait tout entier !

En 1846, la chaire de la cathédrale de Chartres lui fut confiée pendant le Carême. L'orateur prêcha une série de discours sur le *Retour à Dieu*. Avec quelle force il y parlait de notre vocation nationale et de l'apostasie de la France par les principes de 89 ! Souveraineté du peuple, apothéose de l'État, monopole de l'enseignement, naturalisme de la société moderne ; « n'est-ce pas la gangrène sociale ? » se demandait le médecin des âmes, et notre société atteindra-t-elle comme Antiochus le moment extrême de sa putréfaction pour reconnaître, mais inutilement alors, qu'il ne sied pas à un mortel de se poser en rival du Très-Haut.

L'auditoire était nombreux et attentif au pied de cette chaire éloquente.

« J'ai eu du premier coup, écrivait l'abbé Pie, l'auditoire des premières années de mon ministère. Tout le monde était là en rangs serrés et sous les armes. Dans l'exposé des crimes qu'a commis la raison humaine, j'ai serré de près et attaqué de front Guizot, Thiers, Cousin, Michelet. Je suis ravi d'avoir ce discours dans mes papiers. »

A cette époque, en 1846, l'ébranlement en France et en Europe était universel. De vastes problèmes sociaux, politiques et religieux, fermentaient dans les esprits sans qu'on pût en entrevoir la solution. Le vicaire général de Chartres se mêlait à tout, étudiant toutes ces questions et en cherchant la solution dans les principes de la philosophie et de la théologie catholique.

Ennemi du libéralisme, les concessions de Pie IX récemment élu, au parti révolutionnaire lui semblaient dangereuses et l'attristaient :

« Les affaires du Pape vont mal, écrivait-il, je ne sais qu'en penser. Je crois qu'il fonde une confiance extrême sur l'empire de la bonté pour rapprocher les hommes, et qu'il ne sera détrompé qu'après de cruels mécomptes.... Ce bon Pape n'a pas de mission plus évidente, selon moi, que celle du martyre. Il est digne du libéralisme moderne d'immoler celui qu'il aura applaudi à outrance. »

Au lieu du martyre, mettons la spoliation et la captivité, et l'abbé aura dit le mot de l'avenir.

Les jours mauvais arrivaient :

— L'anarchie des esprits et le désordre des doctrines m'épouvante, disait-il ; mais peut-être Dieu va-t-il souffler sur tout cela.

Sept jours après, ce souffle de Dieu emportait la monarchie de Juillet. L'abbé Pie ne s'effraya point d'un mal qu'il avait prévu. Mais, sur ces ruines, il eut voulu construire le règne social de Jésus-Christ. C'est ce qu'il avait prêché la veille des journées de Février et ce qu'il redisait avec plus de force quelques jours après, à la bénédiction d'un arbre de la liberté : la nécessité du règne de Jésus-Christ.

» Toutes les formes qu'a revêtues la société ont péri, parce que sous toutes ces formes il manquait une âme. L'âme de toute société c'est la religion, c'est Dieu. Or les sociétés modernes avaient divorcé avec Dieu. Mais Dieu règne, bon gré, mal gré.... Or Dieu ne détruit jamais que pour rééditifier. Donc, si vous voulez reconstruire, reconstruisez avec lui. Que Jésus-Christ soit la base de votre constitution, et cette constitution ne périra pas. Vos pères aussi avaient planté un arbre de la liberté ; ils n'avaient pas invité la religion à le bénir : cet arbre n'a donné que des fruits empoisonnés ; vos pères en ont mangé, et ils sont morts. Mais celui qui mangera du fruit de l'arbre chrétien, celui-là vivra éternellement. »

Ce fruit du christianisme, l'orateur l'indiquait : c'était la vraie fraternité, la vraie égalité, la vraie liberté. C'était bien là les paroles de l'heure présente. Aussi allaient-elles à ces esprits amateurs du nouveau, et, dans leur enthousiasme, ils vinrent convier l'orateur sacré à travailler à cet avenir politique de la France en se portant candidat aux élections de l'Assemblée constituante.

L'abbé Pie hésita un instant et consulta Mgr Parisis et Montalembert; enfin il refusa, se bornant à n'être parmi les hommes, que le représentant de Dieu. Il avait raison : l'avenir était plein de tempêtes, et, alors comme de nos jours, le mal plus étendu et plus profond que la multitude ne se le persuadait. Quinze jours plus tard les journées de Juin ensanglantaient la capitale, et Mgr Affre payait de sa vie le salut provisoire de la France. L'orateur glorifia la victime en plusieurs circonstances, et voulut croire, quand même, à l'avènement du règne de Jésus-Christ dans cette société bouleversée.

— Dieu est évidemment au milieu de cette agitation où l'Église est la seule puissance qui n'ait rien perdu.

Toute sa vie ce fut l'idéal de l'abbé Pie :

— Pour nous, appliquons-nous à mieux sentir, à mieux accentuer que jamais les trois premières demandes du *Pater*. Et tant que le monde durera, ne prenons point le parti de confiner le règne de Dieu au ciel ou même à l'intérieur des âmes. Le détrônement terrestre de Dieu est un crime; ne nous y résignons jamais.

Mais déjà le jeune vicaire général était mûr pour de plus hautes destinées, bien que nulle ambition ne le poussât à sortir de ce milieu diocésain où il avait grandi au delà de ses espérances. Il évitait de se produire sur un théâtre plus élevé, comme le prouvent les paroles suivantes :

« J'ai refusé depuis six mois, avait-il écrit dès 1846, toutes sortes d'offres de ce côté, quoique Monseigneur ait fait plus qu'il ne fallait pour me déterminer à prêcher à Paris. Ni ma santé, ni mes occupations, ni mon genre de talent ne me permettent de m'élever aussi haut. »

Au mois d'avril 1849, M. de Falloux, ministre de l'Instruction publique et des Cultes avait proposé l'abbé Pie pour le siège épiscopal de Poitiers. C'était le vœu de l'évêque de Chartres, du P. de Ravignan, du duc de Noailles et de l'abbé Dupanloup, tous consultés par le ministre. L'abbé Pie refusa en alléguant sa jeunesse, sa mauvaise santé, ses rares vertus, l'immense population du diocèse de Poitiers : 600.000 âmes, près de 700 paroisses et plus de 1.000 prêtres. Mais ce refus fut inutile : l'abbé Pie dut accepter, Rome avait parlé.

L'évêque nommé alla se jeter aux pieds de l'évêque de Chartres. Le vieillard l'embrassa, et comme le jeune prêtre ne cessait d'objecter : « Mais je n'ai que trente-trois ans ! »

Monseigneur de Montals répondait : « Que dites-vous, Monsieur, trente-trois ans ? C'est l'âge où les grands hommes finissent ; vous pouvez bien commencer !

— Mais comment voulez-vous qu'étant évêque si jeune, je ne fasse pas beaucoup de fautes ?

— Sans doute, Monsieur, vous en ferez ; mais vous aurez plus de temps pour les réparer. »

En arrivant à Poitiers, le nouvel évêque se mit à l'œuvre. Il s'empressa de visiter son diocèse, recueillant des notes sur chaque localité. État, ressources, difficultés, histoire, esprit de chaque population, il écrivait tout de sa main. Ces visites intelligentes et dévouées se tournaient en ovations enthousiastes de la part des fidèles, comme du clergé au pasteur, à l'orateur, à l'homme de Dieu. « Je suis évêque, avait-il écrit dans son mandement de prise de possession, je serai donc père, je serai pasteur, je vous aimerai comme le père aime ses enfants. Je suis évêque, donc surveillant, sentinelle de la vérité, gardien des droits de Dieu. »

Tel fut le programme de son épiscopat, et sa vie entière fut employée à le réaliser. Sa bonté, sa douceur et ses aumônes avaient promptement gagné le peuple; il voulut également attirer la bourgeoisie et les classes élevées. Convaincu que l'action sociale se fera moins par le nombre que par l'influence, il s'efforce de diriger de ce côté sa prédication et son influence. C'est donc contre les hommes en place, les hommes d'affaire, les riches, les bourgeois enfin, rois de l'opinion et de l'avenir, contre leurs erreurs et leurs illusions, leur libéralisme et leur sensualisme, que son apostolat dressera ses batteries. Nul n'a moins redouté les travaux et les fatigues inhérentes à sa haute position. Il prêche lui-même son clergé dans les retraites pastorales, dans la chaire de la cathédrale il parle à son peuple; l'élan donné à la ville épiscopale s'étend au diocèse entier.

Ses succès personnels à Poitiers sont considérables. On pouvait déjà présager que son action s'étendrait au-delà de son diocèse. Déjà plusieurs évêques de sa province, ses aînés dans l'épiscopat, écrivaient pour le consulter, pour se concerter avec lui au sujet de la diffusion des doctrines romaines; d'autres venaient le visiter pour s'aider de sa science et de ses conseils. Quelques-uns aimaient à dire qu'ils venaient voir « le jeune Salomon assis plein de sagesse et de gloire sur le trône de David. » Cette influence grandissait au loin. Elle allait s'exercer en 1850 dans trois grandes affaires d'intérêt grave: la loi sur l'enseignement, les droits de la presse catholique et le concile de Bordeaux.

Depuis plus de cinquante ans, l'enseignement était le terrain d'une lutte toujours renaissante entre la religion catholique et ses ennemis ou adversaires. Or, on était à l'une de ces heures où une position importante pouvait être enlevée, grâce au concours de M. de Falloux « qui n'avait accepté le ministère que dans ce but, dit Mgr Baunard. Mais parce que c'était en somme une loi de transaction qu'on élaborait, elle ne parvenait qu'avec peine à satisfaire les partis dont chacun se plaçait à

un point de vue trop exclusif. » Trois points de vue étaient
envisagés : celui de l'État enseignant, soutenu par M. Cousin
et un grand nombre d'universitaires ; celui du droit du père de
famille, dont étaient partisans les libéraux sincères, catholiques
ou non ; enfin le point de vue de l'Église, qui demandait qu'au
moins on affirmât le principe de son autorité divine dans l'enseignement, et qui était soutenu par les ecclésiastiques nourris
des plus pures doctrines, tels que Mgr de Poitiers. Ce dernier
point était bien l'idéal, mais était-il possible de le réaliser ?

L'Univers l'admettait, *l'Ami de la Religion* avec les libéraux
le niaient. Les querelles des journalistes opposés envenimaient
la question et celle-ci ne pouvait aboutir. Mgr Pie, tout en blâ-
mant, lui aussi, les excès de plume des deux côtés, s'alarmait
de voir le droit et l'autorité de l'Église entamés par des compromis qui lui semblaient toucher à l'honneur même de
Jésus-Christ.

« Hélas ! disait-il, l'État-Dieu est encensé par tous ; et
Jésus–Christ n'est plus qu'un des demi-dieux rangés autour de
son autel. Tout cela n'est pas chrétien. »

L'évêque de Poitiers soutenait que l'Église devait paraître en
reine dans la loi sur l'enseignement ou s'abstenir de
paraître. Ce fut cette pensée qui dirigea la conduite des ecclésiastiques qui étaient à l'Assemblée ; Mgr Parisis lui-même
s'abstint d'y prendre part, les autres ecclésiastiques l'imitèrent.

C'est cependant à ses fruits qu'on devait connaître l'arbre.
Pendant plus de trente années ces fruits ont été portés, et,
vraiment, les catholiques n'ont pas trop à se plaindre de leur
qualité d'autant plus que Mgr Pie lui-même rendit justice aux
législateurs devant ses prêtres réunis en réunion pastorale (1).

Mais déjà, dès le lendemain du vote de la loi, Mgr Pie avait
décidé d'en tirer profit pour le bien de l'âme des enfants et
l'avenir de la société. On le vit bientôt occupé à cette œuvre
de la diffusion, de la direction et de la défense des écoles chré-

(1) Voir *Mgr Dupanloup*, p. 50. Note en bas.

tiennes. Partout, dans son diocèse, ces écoles s'ouvrirent nombreuses et magnifiques, grâce à la générosité des catholiques.

Mais, hélas ! combien son ministère était accablé par ces travaux extérieurs ! Plus de calme, plus d'études pour le studieux prélat. Il en gémissait :

« Je ne suis pas plus résigné à être évêque que le premier jour, écrit-il. Plus d'études, presque pas de temps pour prier ni pour penser. Obligation d'ajourner le soin de beaucoup de choses en souffrance. Que vous dirai-je? Je suis submergé dans le travail, et j'ai la douleur de ne pouvoir suffire à tout. Mon cher Seigneur, priez pour que j'aie plus de calme et plus de patience (1) ! »

Mais il fallait travailler l'opinion pour la rendre favorable à l'Église et la refaire chrétienne, car l'heure était urgente. La lutte s'engageait entre le Prince-président et l'Assemblée législative qui allait disparaître. Le sort de l'Église pouvait être l'enjeu de cette lutte. Le prélat saisit habilement l'occasion de donner une leçon à Louis-Napoléon. Ce fut à l'occasion de l'inauguration et de la bénédiction du chemin de fer de Tours à Poitiers. L'évêque y prit la parole. Le Prince-président fut le seul qui répondît par un signe de croix au signe de croix de l'orateur. Celui-ci orna la leçon, mais la leçon fut donnée ; il comparaît la conduite de l'État au char de feu qu'il allait bénir :

« En aucun temps du monde la conduite des affaires fut-elle un métier plus rude et plus ingrat qu'elle ne l'est de nos jours? Les rênes de ce chariot de feu ne sont-elles pas aussi des rênes brûlantes qui dévorent les mains qui les tiennent?... »

Longtemps l'évêque continue sur ce ton.

Le nouveau Pouvoir, loin d'être persécuteur, se montrait favorable aux libertés de l'Église. Mais survint le coup d'État

(1) Lettre à l'évêque de Metz.

de 1851, et alors la confiance déserta le cœur du prélat. Cependant, comme, en fait, le nouveau Pouvoir était capable de faire beaucoup de bien ou beaucoup de mal, Mgr Pie demande qu'on ne décourage pas les bonnes intentions qu'il peut avoir, sans le flatter par des adulations intéressées. Une circonstance nouvelle se présenta pour l'évêque de Poitiers de donner à Napoléon III de nouveaux avis. Celui-ci, en visite dans l'ouest de la France, arrivait à Niort. Le prélat s'y rendit et lui adressa un discours public. Le compliment fut court, la leçon vint ensuite.

« Prince, dit-il, votre mission n'est pas achevée.... Au-dessus de la morale vulgaire des intérêts et des jouissances, il s'agit de rétablir à tous les degrés de l'échelle sociale et politique la sainte morale des principes et des devoirs.... Que les préceptes chrétiens redeviennent la devise et la loi de tous les hommes appelés à exercer ou à seconder le pouvoir, et la France, qui, pour se relever de ses abaissements, n'attend qu'une impulsion généreuse, redeviendra bientôt la nation incomparable qu'ont connue nos pères, le pays des grandes choses et des nobles caractères. »

Le Prince répondit par un remerciement et demanda de prier pour lui, afin qu'il pût devenir *digne de servir les vues du Ciel.*

Dom Guéranger écrivit à Mgr Pie que son discours lui avait beaucoup plu :

« C'était épiscopal dans tous les sens, sage, prudent, digne et chrétien. Je n'ajoute pas que c'était spirituel aussi, parce que j'ai mieux à dire. »

Une occasion nouvelle allait s'offrir à l'évêque de Poitiers de révéler ses brillantes qualités de joûteur et de défenseur des droits de l'Église. En 1852, l'empereur avait voulu imposer à la France l'instruction obligatoire. Le projet fut communiqué à Mgr Pie par un ami qui servait au ministère les intérêts de la religion.

CARDINAL PIE

Le prélat protesta :

« L'État veut obliger à recevoir son enseignement. Mais l'État, qui était-ce hier et qui sera-ce demain (1) ? Car remarquez que dans 25.000 communes il n'y aura jamais d'école que l'école officielle ! Non, je vous crois dans l'erreur. Ce moyen est dangereux, et de plus, il serait impuissant pour mille raisons.... Mais l'enseignement doit nécessairement et premièrement être religieux, ce qui ne veut pas dire qu'il doive être partout congréganiste. »

Ainsi, rien d'exclusif dans un esprit si sage.

Mgr Pie n'est pas de parti pris l'ennemi des instituteurs laïques quand ceux-ci sont vraiment chrétiens. Aussi bien, plus d'une fois on l'a vu prendre leur défense et déclarer que le concours de ces hommes lui paraissait précieux, nécessaire même.

Depuis peu, de graves atteintes avaient été portées aux droits de l'Église dans l'enseignement. Un décret du 9 mars 1852 réservait à l'État la nomination et la révocation des évêques appelés à siéger au Conseil de l'instruction publique : c'était un abus. Le 31 décembre 1853 parut un nouveau décret qui soumettait toutes les écoles de filles à la surveillance et à l'inspection des autorités universitaires. Cette intrusion de l'État dans les couvents soumis à la clôture méconnaissait gravement les lois de l'Église. Des circulaires du ministre, pleines de déférence et de respectueuse vénération pour les évêques, ne suffisant pas à détruire l'odieux et l'injustice de ces dispositions, Mgr de Poitiers éleva la voix dans un très ferme langage :

« C'est à la fois, monsieur le Ministre, l'entreprise la plus considérable du Pouvoir sur le dernier débris de l'immunité ecclésiastique et l'acte de défiance le plus immérité envers l'épiscopat et les maisons religieuses. Franchement, nous pou-

____

(1) Quelle vérité dans ces paroles ! et comme nous touchons du doigt aujourd'hui les tristes résultats de cette loi ?

vions croire que la société avait d'autres dangers à conjurer en
ce moment que ceux qui peuvent naître pour elle auprès des
grilles , et les sentiments que le clergé de France n'a cessé de
professer par rapport à la puissance civile semblaient de nature
à écarter de tels ombrages. »

En même temps le courageux prélat, passant de la protestation à l'action, annonçait que si l'État voulait exercer cette
surveillance sacrilège dans les communautés cloîtrées, lui ne
resterait pas passif, mais s'y opposerait par tous les moyens.

Cet acte d'énergie produisit d'heureux résultats.

On sent que Mgr Pie souffre de ces débats. Bientôt on le
verra porter devant l'Empereur lui-même les mêmes questions
relatives à l'enseignement, aux cloîtres, à l'Université, au
point de vue de l'honneur et des vrais intérêts de la France et
de son chef.

Nous ne suivrons pas l'évêque de Poitiers dans la discussion
dite *des classiques,* qui le mit en opposition avec Mgr Dupanloup
et les chefs de l'école libérale; les limites de ces pages obligent
à la brièveté. Remarquons seulement que c'est de Rome surtout
et à Rome même, du Pape lui-même, que Mgr Pie voulait
recevoir la ligne de conduite à tenir en cette affaire ; aussi, de
peur de froisser trop gravement son ami, l'évêque d'Orléans,
en prenant ouvertement le parti de l'*Univers,* qui, d'après lui,
soutenait la vraie doctrine, il écrivit à Mgr Dupanloup cette
lettre, magnifique de bonne grâce et de courtoisie :

« Cher et vénéré Seigneur,

» Dieu m'est témoin du désir particulier que j'aurais
de conformer en tout ma manière de penser et d'agir à
la vôtre. Notre divin Maître vous a beaucoup donné, et son
Église, qui a déjà reçu beaucoup de vous, en attend
beaucoup encore.

» C'est parce que je ne crains pas de me mettre au

premier rang parmi les appréciateurs de votre talent si riche et si fécond, que je ne puis prendre sur moi de vous manifester une adhésion complète à ceux de vos actes et de vos écrits, sur lesquels il me semble qu'il y a quelques réserves à faire.

» Pardonnez-moi cette sincérité. Je serais moins digne de votre bonté pour moi si je parlais autrement.

» Veuillez agréer.... »

Un autre sujet d'inquiétude pour le prélat, et celui-là d'une importance considérable, c'était la guerre à l'Église et au Pape que l'évêque de Poitiers avait prévue depuis longtemps. Dès 1854, dans un discours prononcé à Bordeaux, il avait dit :

« Ne nous laissons pas aller à une fausse sécurité. De sombres nuages chargent encore l'horizon. J'entends partir du pied des Alpes des paroles de menace qui ne sont pas sans écho de l'autre côté. On dirait que des complots se trament que des iniquités se préparent. J'aperçois, dans un avenir prochain, de terribles tempêtes, d'effroyables ébranlements. Encore une fois, prions pour l'Église et pour le Pape, car, selon la doctrine d'un saint dont on peut être parent sans en avoir l'esprit : « L'Église et le Pape, c'est tout un. »

Profitant de l'allocution prononcée par Pie IX en 1854, qui touchait aux questions politiques, religieuses ou sociales les plus brûlantes et n'écoutant que son devoir, l'évêque de Poitiers, dans une synodale adressée à son clergé, constate qu'un double mur sépare l'Europe et la France du vrai catholicisme : le mur d'un *droit public* hostile aux libertés essentielles de l'Église, le mur d'un *esprit public* né d'une philosophie jalouse de la religion. Tel est le mal tout entier. Voilà ce que le prélat n'a cessé de signaler dans les actes du pouvoir, dans les questions d'enseignement et les discours académiques. Le droit public antichrétien fait que les nations européennes sont pratiquement en rupture avec l'Église.

« Le Pape l'a dit, l'évêque le précise. Il dénonce les attentats sacrilèges de la politique dans ces derniers temps. Il spécifie les malheurs qui sont près de fondre sur les catholiques des États sardes et de l'Espagne.... »

Il nous est commandé de nous taire à cet égard; le Saint-Siège avisera, et nous savons qu'il n'est pas plus déshérité de sa force que de sa sagesse. Malheur aux puissants qui appellent les foudres de l'Église sur leurs têtes! Dix-huit siècles d'histoire nous apprennent que tout ce que Pierre aura lié sur la terre sera lié également dans les cieux.

« Quelques jours après, continue M. Baunard, le Pape donnait pleine raison à ces paroles, en excommuniant les auteurs et les complices des attentats du Piémont. Mgr Pie avait été à l'avant-garde des justices de la Papauté contre l'usurpateur, qui ne faisait cependant que préluder ainsi à des spoliations plus radicales. On verra ce que pensa de cette hardiesse de langage le cabinet de Paris. »

Mgr de Poitiers prévoyait également les conséquences de l'état de choses que nous voyons malheureusement se réaliser de nos jours : la main mise sur les couvents et plus tard sur les biens de l'Église. Comme pour lui donner raison, le 27 mai 1854, M. Fortoul avait affirmé que « les droits de l'État sur *tous* les édifices diocésains, la Cathédrale, l'évêché, le grand Séminaire et les bâtiments annexes n'étaient ni contestés ni contestables. »

Plus encore que le droit public, l'esprit public moderne était faussé. La philosophie naturelle et rationaliste, dont M. Cousin était le chef, avait été condamnée par le dernier concile de Bordeaux ; le prélat la réprouvait de nouveau dans ce magnifique élan de foi et d'éloquence :

« Non, non, le Christ de ces philosophes n'est pas le

Seigneur Jésus-Christ que j'adore! C'est un Christ psychologique conçu de l'esprit de l'homme, né de son intelligence; celui que ma foi me révèle est conçu du Saint-Esprit,
né de la bienheureuse Vierge Marie. Leur Christ est venu
d'en bas, jailli des entrailles de l'humanité; mon Jésus
est descendu d'en haut, il est sorti du sein du Père
éternel. Leur Christ n'est que consubstantiel à l'homme;
le mien est consubstantiel à Dieu. »

Et il ajoutait ces paroles de saint Jean :

« Si quelqu'un vous apporte une autre doctrine que celle
de Jésus-Christ, ne la recevez pas. La paix n'est possible
que dans la vérité. »

Après la doctrine, la morale. C'était le tour de l'examen
Du Devoir de J. Simon, c'est-à-dire du « devoir sans
Jésus-Christ, sans l'Évangile, sans la foi, sans l'Église,
sans la rédemption, sans la grâce et les sacrements, »
c'est-à-dire la négation de la doctrine catholique décorée
du nom de *morale sociale.*

« Eh bien, non, s'écriait l'Évêque, non, le philosophisme
soi-disant conservateur ne sauvera pas la société. Si vous
n'avez à opposer aux passions des multitudes d'autres
barrières que les lois de la nature, vous apprendrez bientôt
que la nature a des penchants qui rompront cette barrière,
ou qui passeront par-dessus pour se ruer sur vous. »

Et l'éloquent prélat prenait de là occasion de condamner
une autre école, l'école des transactions, inspirée par le
libéralisme; cet esprit funeste déjà dénoncé et combattu par
Mgr Pie, et qui, non content d'entourer l'erreur de ses
respects et de ses ménagements lui decernait des honneurs
publics. Au livre *Du Devoir* avait, en effet, été décerné un
prix par l'Académie française.

En 1855, une voix s'était élevée pour dire au pouvoir impérial que sa pensée à l'égard du Pape était devinée, que

la question du pouvoir temporel était posée dans les conseils du gouvernement, que l'Église sentait le péril en voyant un gouvernement catholique entrer dans cette triste voie : ce fut celle de l'évêque de Poitiers. Elle se fit entendre d'abord au pouvoir par l'intermédiaire du ministre, et au public dans une lettre au clergé du diocèse (1). Ce courageux avertissement porta ses fruits. Puis l'évêque voulut avoir une entrevue avec l'Empereur ; elle eut lieu aux Tuileries. Victor Emmanuel, revenu d'Angleterre, venait de quitter Paris. Le prélat avoua qu'il avait blâmé le roi de Sardaigne et sa politique à l'égard du Pape :

— J'étais en face d'un acte, et cet acte je l'ai censuré parce qu'il le méritait.

Napoléon III, rejetant tous ses torts sur Victor Emmanuel répondit qu'il avait averti ce roi, mais en vain.

— Du reste, ajoutait l'Empereur, ce pauvre roi m'est revenu de Londres assez triste et humilié. Il m'a dit hier, avec l'accent du chagrin, que la reine d'Angleterre l'avait abordé en le félicitant de son zèle pour la propagande protestante, et de la gloire qu'il s'est acquise par le fait de son excommunication. Rien ne le rend plus confus qu'une pareille gloire.

L'évêque expliqua et justifia ensuite sa résistance aux empiètements de l'État sur les droits de l'Église par rapport à l'enseignement. Puis, après avoir franchement avoué les principes politiques qu'il professait dans son cœur et son attachement au comte de Chambord, Mgr Pie se hâta de protester qu'aucun acte d'opposition politique, soit à la personne, soit au pouvoir de l'Empereur ne viendrait de sa part.

« L'Empereur, rapporte M. Baunard, fut remercié par

(1) Au sujet de cette lettre, M. Guizot disait au P. de Ravignan : « L'évêque de Poitiers a raison : quiconque se dit chrétien et n'admet pas le surnaturel est un hypocrite et un menteur. »

Mgr Pie, de la facilité qu'il laissait aux Évêques de se rendre à Rome. »

Le prince avait répondu qu'il en était bien aise.

— Car, dit-il, il est bon que tout pouvoir remonte de temps en temps à sa source, pour retrouver là sa force et sa pureté.

Belles paroles que nos gouvernants pourraient méditer avec fruit.

De Paris, en effet, l'évêque de Poitiers allait à Rome. Il y fut reçu avec l'estime due à ses talents et à son zèle pour la cause de l'Église, et traita avec succès différentes affaires de la plus haute importance. Lorsque, sur le point de partir, l'évêque énumérait les heureux résultats de ce voyage, il disait comment ses idées et ses sentiments avaient grandi devant le spectacle incomparable de la Rome des Papes, l'accueil fait à sa relation diocésaine, les projets gouvernementaux tenus en échec, les ennemis de la vérité réfutés et combattus, le prieuré de Ligugé bientôt érigé en abbaye, et partout l'encouragement au service de l'Église.

A son passage à Paris le prélat vit l'Empereur, qui lui donna de bonnes paroles au sujet de la question romaine. Mgr Pie signala son retour à Poitiers par le rétablissement général et définitif de la liturgie romaine dans son diocèse, aidé bientôt par un troisième concile provincial, tenu à Périgueux.

Le 14 juin 1856, les évêques français avaient été convoqués pour assister à Paris au baptême du prince impérial. Bien que ce ne fût pas une réelle obligation pour tous, le ministre avait fait savoir à l'évêque de Poitiers que sa présence servirait à dissiper à son sujet des doutes que la presse avait fait naître. Malgré sa répugnance le prélat s'y était rendu, et, plus tard, il n'eut qu'à se féliciter de cette démarche en reconnaissant qu'elle avait déjoué certaines intrigues tendant à le dénoncer comme un adversaire militant de l'Empire et de l'Empereur.

En janvier 1858, éclatait l'attentat des bombes d'Orsini contre ce prince; Mgr Pie en fut épouvanté, non étonné. Dans une lettre à son clergé, il dit son horreur du crime, sa pensée sur les coupables, sa crainte que le pouvoir ne leur eût donné trop de gages, et son espoir pour que cette lamentable leçon fût profitable. Dans une lettre privée, il prédisait à cette date l'avenir du prince en ces termes :

« Son sort sera celui de tous les pouvoirs qui ne proclament pas le droit de Dieu : Dieu s'en servira quelque temps et le brisera. Quand et comment? Ce n'est pas la question, mais toujours bientôt, car, depuis soixante-dix ans, il en a toujours été ainsi.

« A partir de ce moment on put s'apercevoir que le gouvernement en France n'était plus moralement libre vis-à-vis de cet autre gouvernement clandestin qui donnait le mot d'ordre aux Carbonari et armait leurs bras. Les bombes d'Orsini retentissaient toujours aux oreilles de l'Empereur et troublaient ses conseils. Il n'eut plus qu'une pensée : obéir à son passé, à ses serments peut-être, en affranchissant la Haute Italie de la domination de l'Autriche. Qu'on le voulût ou non, c'était le chemin de Rome qu'on ouvrait au Piémont sur les ruines de la souveraineté temporelle du Pape (1). »

Effrayé du danger qui menaçait la papauté, Mgr Pie, entreprit de le conjurer. Mais à qui s'adresser dans ce but? En France, un seul homme était tout et pouvait tout. L'évêque n'hésita point, il alla vers cet homme qui, d'ailleurs, désirait le voir :

« L'Empereur m'a fait dire, écrivait le prélat à Mgr d'Angoulême, que je n'allais pas le voir, et il a ajouté des paroles bienveillantes qui me mettraient dans mon tort, si j'allais à Paris sans demander audience. La brochure et le discours impérial du 7 février prononcé à l'ouverture des Chambres étant survenues depuis ce temps, cette audience me pèse assez; mais enfin, j'espère en tirer parti au profit de la vérité. »

L'audience eut lieu le 15 mars. Le secrétaire de l'évêque nous en a conservé le souvenir mémorable dans cette page que nous empruntons à l'*Histoire du Cardinal Pie* (1).

« Mgr a eu mardi une audience de l'Empereur. Elle a duré une heure. Après quelques mots échangés sur les affaires locales de la ville de Poitiers, Sa Majesté a porté la conversation sur le terrain de la politique et en particulier sur les affaires d'Italie.

» — On méconnaîtrait grandement ses intentions a-t-elle dit, si l'on croyait qu'elle veut autre chose que du bien au gouvernement pontifical. Son but est plutôt de rendre ce gouvernement plus populaire et de montrer à l'Europe que la France n'a pas entretenu à Rome une armée d'occupation pour y consacrer des abus.

» À ces derniers mots, Mgr de Poitiers s'est redressé, et a demandé la permission de s'expliquer sur ce sujet en toute liberté.

— Parlez, Monseigneur, je désire avoir toute votre pensée.

— Puisque Votre Majesté daigne entendre ce que je pense, elle me permettra de m'étonner du scrupule qui lui fait craindre de passer pour avoir consacré des abus par la présence de notre armée d'occupation à Rome. Certes, je n'ignore pas, Sire, qu'il se glisse des abus partout, et quel gouvernement peut se flatter d'y échapper ! Mais j'ose affirmer qu'il n'en existe nulle part de moins nombreux que dans la ville et les États gouvernés par le Pape. Que Votre Majesté veuille bien se rappeler, par contre, Constantinople et la Turquie ; qu'elle compare et qu'elle me permette de lui demander ce qu'a fait là notre glorieuse expédition de Crimée ? N'est-ce pas là, plutôt qu'à Rome que la France serait allée pour maintenir des abus ? (2)...

(1) *Le cardinal Pie*, par Mgr Baunard.

(2) Ici l'évêque prouva son assertion en entrant dans le détail de ces révoltants abus, et ajouta : « Et c'est pour perpétuer et consolider un tel état de choses que nous sommes allés en Orient ? C'est pour en assurer l'*intégrité* que

Pendant ce discours, l'Empereur tordait ses longues moustaches, et l'évêque observait qu'il les tirait plus bas à mesure que la question devenait plus embarrassante. Mgr Pie poursuivit :

— Excusez-moi, Sire; mais à ce Turc nous avons dit: Continue, comme par le passé, à te vautrer dans ta fange séculaire; je te garantis tes jouissances et je ne souffrirai pas qu'on touche à ton empire. Mais nous avons ajouté : Grand Sultan, jusqu'à présent le souverain de Rome, le Pape, avait présidé aux conseils de l'Europe : eh bien, nous allons avoir un conseil européen, le Pape n'y sera pas ; mais tu y viendras, toi, qui n'y étais jamais venu. Non seulement tu y seras, mais nous ferons devant toi le cas de conscience de ce vieillard absent, et nous te donnerons le plaisir de nous voir étaler et soumettre à ton jugement les prétendus abus de son gouvernement, moindres que les tiens.

» En vérité, Sire, n'est-ce pas là ce qui s'est fait? Et après de telles tolérances, est-on bien en droit d'alléguer des scrupules qui nous seraient venus au sujet des abus d'un gouvernement qui est bien, à n'en pas douter, le plus doux, le plus paternel, le plus économique des gouvernements de l'Europe?...

— Mais enfin, Monseigneur, n'ai-je pas fait suffisamment mes preuves de bon vouloir en faveur de la religion ? La Restauration elle-même a-t-elle fait plus que moi?

— Je m'empresse de rendre justice aux religieuses dispositions de Votre Majesté, et je sais reconnaître, Sire, les services qu'elle a rendus à Rome et à l'Église. Peut-être la Restauration n'a-t-elle pas fait plus que vous. Mais laissez-moi ajouter que ni la Restauration, ni vous n'avez fait pour Dieu ce qu'il fallait faire, parce que ni l'un ni l'autre vous

nous avons dépensé deux milliards, soixante-huit officiers supérieurs, trois cent cinquante jeunes gens, la fleur de nos grandes familles, et deux cent mille Français. Après cela, sommes-nous bien-venus à parler des abus de la Rome pontificale ? »

n'avez relevé son trône, parce que ni l'un ni l'autre vous n'avez renié les principes de la Révolution, dont vous combattez cependant les conséquences pratiques, parce que l'Évangile social dont s'inspire l'État est encore la déclaration des droits de l'homme, laquelle n'est autre chose, Sire, que la négation formelle des droits de Dieu. Or, c'est le droit de Dieu de commander aux États comme aux individus. Ce n'est pas pour autre chose que Notre Seigneur Jésus-Christ est venu sur la terre. Il doit y régner en inspirant les lois. Partout où Jésus-Christ n'exerce pas ce règne, il y a désordre et décadence.

» Or, j'ai le devoir de vous dire qu'il ne règne pas parmi nous, et que notre constitution n'est pas, loin de là, celle d'un État chrétien et catholique…. Eh bien, Sire, savez-vous ce que Jésus-Christ répond aux gouvernements qui se rendent coupables d'une telle contradiction :

— Et moi aussi, gouvernements qui vous succédez en vous renversant les uns et les autres, moi aussi je vous accorde une égale protection. J'ai accordé cette protection à l'Empereur, votre oncle ; j'ai accordé la même protection aux Bourbons, la même protection à Louis-Philippe, la même protection à la République ; et à vous aussi, la même protection sera accordée.

L'Empereur arrêta l'évêque :

— Mais encore, croyez-vous que l'époque où nous vivons comporte cet état de choses, et que le moment soit venu d'établir ce règne exclusivement religieux que vous me demandez ? Ne pensez-vous pas, Monseigneur, que ce serait déchaîner toutes les mauvaises passions ?

— Sire, quand de grands politiques comme Votre Majesté m'objectent que le moment n'est pas venu, je n'ai qu'à m'incliner, parce que je ne suis pas un grand politique. Mais je suis un évêque, et comme évêque, je leur réponds : Le moment n'est pas venu pour Jésus-Christ de régner : eh bien, alors, le moment n'est pas venu pour les gouvernements de durer.

On peut se figurer ce que dut être cet entretien soutenu sur ce ton pendant une heure, et quelles impressions il dut laisser dans l'esprit de l'Empereur.

Pour l'évêque de Poitiers, la guerre d'Italie était la guerre indirecte à la Papauté. Au fond, c'est au Pape, disait-il, qu'on en veut, à sa royauté temporelle et par suite à son indépendance spirituelle. Les conséquences inévitables de cette agression sont le détrônement des princes italiens et l'invasion des États de l'Église. Au lendemain de cette déclaration de guerre, le prélat écrivait :

« Jamais les grands intérêts du monde chrétien n'ont été plus en cause qu'en ce moment. Nous allons savoir si Dieu réserve encore au règne de son Fils sur la terre une période de gloire et d'éclat avant le triomphe de l'Antéchrist. Si la politique de la révolution finissait par l'emporter, Jésus-Christ n'aurait plus où poser sa tête. »

La révolution, en effet, l'emportait dans les conseils des grands, et le courageux prélat ne cessait de réagir contre leurs funestes résolutions dans la limite de son pouvoir. Prières, mandements, lettres, circulaires, discours, influence auprès de ceux qui approchaient l'Empereur, tous ces moyens étaient employés pour détourner le coup qui menaçait, dans un avenir plus ou moins éloigné, l'Église et son chef. Cette lutte incessante contre le courant révolutionnaire qui emportait le pouvoir impérial, l'avait rendu de nouveau suspect, suspects également ses paroles et ses écrits. Défense fut faite à la presse catholique, et surtout à l'*Univers*, de reproduire les discours et les lettres de l'évêque de Poitiers. A cette occasion Louis Veuillot lui écrit :

« L'alguazil du ministère a fait hier une apparition dans nos bureaux. Il nous a prié bien respectueusement, sous peine de mort, de ne ne plus publier les discours des évêques (1). Je m'attendais à cette visite. On est résolu, et on veut étouffer la voix des évêques. Bientôt on nous défendra de les nommer, et, pour être plus sûr de notre obéissance on nous fermera la bouche. Vous voyez donc, Monseigneur, que j'ai la corde au cou, et que le nœud coulant est fait. Mais ma conviction est que cette misérable corde cassera ou que quelqu'un d'un peu plus lourd que moi y sera pendu. »

Mgr de Poitiers n'était pas seul menacé : un autre évêque partageait alors avec lui la haine du pouvoir, Mgr Dupanloup (2). Tous deux se prêtent un mutuel appui dans cette lutte terrible, et marchent par des chemins divers à l'assaut de la révolution couronnée. Mgr d'Orléans avait élevé contre la révolte des Romagnes sa vigoureuse *Protestation*, brochure politique qui fit le tour de l'Europe. Il parut à Mgr Pie que l'heure était venue d'accomplir un acte d'autorité ecclésiastique. Au lieu de lutter au dehors par la publicité de la presse, il résolut de condamner, lui aussi, le manifeste impérial du haut de sa chaire de docteur. La chose n'était pas sans danger. Le ministère craignant cette condamnation, avait dépêché auprès du prélat un haut fonctionnaire, pour l'avertir qu'il était surveillé. Mais le vaillant évêque voyait là un devoir à accomplir et toutes les menaces étaient impuissantes.

Il porta donc solennellement condamnation des erreurs contenues dans divers écrits, et notamment dans la brochure : *le Pape et le Congrès.*

Mgr Pie y dénonçait une vaste conspiration d'hypocrisie et

(1) Mgr Pie s'arrête à la pensée de la suppression possible de l'*Univers*, et répond avec une pointe de malice : « La gent trotte-menu de la presse libérale serait si heureuse de se partager les dépouilles du pendu :

Toutes, dis-je, unanimement
Se promettent de rire à son enterrement.

(2) Mais en défendant la même cause, chacun de ces chefs combattait à sa manière et avec des armes différentes. Le premier emprunte davantage ses moyens dans la presse publique et se tient sur le terrain du droit public et de la politique. Mgr Pie, qui est avant tout un homme d'Église se fait une loi de n'employer que les moyens d'action propres à l'Église : instructions, lettres, mandements; il reste sur le terrain de la doctrine et du droit ecclésiastique.

de sacrilège; il déclarait parler pour rétablir le droit et la vérité et défendre le pouvoir du Pape.

Cet acte de résolution et de courage apostolique lui mérita les félicitations des hommes les plus éminents par leur dignité qui lui écrivirent de tous côtés pour l'engager à continuer la lutte pour la cause de l'Église.

Comme conséquence, le défenseur du Pape dénonce également le guet-apens de Castelfidardo : « Qu'on ne dise pas de ces braves : ils ont été vaincus. « Vaincus ? entendez ce bulletin laconique de leur général : « L'armée pontificale n'a pas été vaincue, elle a été trahie et assassinée. »

Comme l'évêque d'Orléans, l'évêque de Poitiers ne laisse passer aucune attaque au Saint-Siège sans répondre.

Au mois de février 1861 parut une brochure inspirée par le pouvoir impérial, laquelle rendait le Pape lui-même coupable de l'invasion de ses États. C'était trop de cynisme et de cruauté à l'égard du Souverain désarmé. Mgr Pie indigné aiguisa sa plume. Il rédigea une lettre pastorale qui allait devenir célèbre et pouvait entraîner pour lui la prison et l'exil. C'est celle où, après avoir dit : « Le mystère d'iniquité se poursuit, et il est à la veille de se consommer », l'évêque faisant bonne justice des injures adressées au Pape-Roi, arrivait à stigmatiser les manœuvres de l'Empereur et le comparait d'une manière à peine voilée au gouverneur de la Judée qui condamna Jésus-Christ :

« Lave tes mains, ô Pilate, disait-il, déclare-toi innocent de la mort du Christ. Pour toute réponse, nous dirons chaque jour, et la postérité la plus reculée dira encore : Je crois en Jésus-Christ qui a enduré mort et passion sous Ponce-Pilate : *qui passus est sub Pontio Pilato.* »

L'allusion était évidente et méritée : les foudres gouvernementales allaient tomber. La lettre pastorale fut déférée au Conseil d'État et condamnée, mais en même temps arrivaient de Rome et de tous les points de la France des lettres de remerciement. Le Pape félicita l'évêque. Mgr Dupanloup lui écrivit en des termes qui font grandement l'éloge des deux prélats.

On était en 1860. En 1861, le ministère ordonnait de nouvelles poursuites, à la suite d'un discours de Mgr Pie, où celui-ci aurait comparé l'Empereur à Hérode. Après des explications sincères et loyales de l'accusé, la poursuite fut abandonnée, mais pour être reprise d'une manière hypocrite et sournoise. Il s'agissait, pour enlever à l'évêque une partie de son influence, de démembrer le diocèse de Poitiers, en détachant de son évêché le département des Deux-Sèvres. Mais l'évêque, averti à temps, éclaira le Pape, qui refusa tout concours au gouvernement français, et l'entreprise fut abandonnée.

Néanmoins, les petites persécutions continuèrent: tantôt les fonctionnaires recevaient ordre de faire le vide autour du prélat dans les tournées pastorales; tantôt un commissaire de police ou un brigadier de gendarmerie avec un ou deux de ses hommes le surveillaient comme un malfaiteur et copiaient au hasard quelques bribes de ses sermons ; tantôt la voie publique était interdite pour les arcs de triomphe et les processions. De là, colère des administrés, menaces, interrogatoires, divisions les plus profondes jusque dans les plus petites communes ; partout des difficultés et une guerre d'un genre tout particulier.

Comme acte épiscopal de Mgr Pie dans les années suivantes, il faut signaler l'adhésion au Syllabus, dont le gouvernement impérial avait défendu la publication. Ce document, au reste, répondait trop aux idées du prélat pour qu'il dût se taire. L'évêque réclama hardiment contre cet interdit dans une lettre au ministre, en le priant de présenter cette lettre à l'Empereur:

« Quoi! disait-il, après avoir laissé libre carrière aux accusateurs ignorants, l'interdit serait jeté à des interprètes et à des défenseurs! »

Il niait que l'Encyclique fût contraire aux principes d'un gouvernement qui prétend être à la fois chrétien et libéral, et alléguait la tolérance de l'Angleterre.

« Ma parole, écrivait-il, je le sais trop, monsieur le Ministre, ne peut avoir la prétention d'être entendue comme une parole amie et bienveillante. Cependant, ma conscience me dit que mon langage est autant celui du loyal Français que de l'évêque catholique, et je ne prévois aucun avantage, ni pour le pays, ni pour le gouvernement et la dynastie de l'Empereur, dans les conséquences de la mesure qui fait l'objet de ma légitime et respectueuse réclamation. »

A plusieurs reprises, Pie IX avait consulté l'évêque de Poitiers dans les affaires politiques et religieuses qui concernaient la France, et plus d'une fois Sa Sainteté avait agi d'après les conseils qu'elle en recevait. En 1864, ayant eu la pensée d'un Concile général, le Pape voulut s'entourer des conseils des cardinaux et de trente-six évêques pris dans toutes les parties du monde catholique; Mgr Pie fut du nombre et d'ailleurs le Saint Père ne pouvait le prendre au dépourvu à ce sujet. Depuis vingt ans, en effet, la pensée d'un Concile hantait son esprit et se faisait jour dans sa correspondance. Répondant à la demande du Pape, il envoya à Rome les réponses sollicitées en désignant les sujets qui pourraient être traités. Quelque temps après, sur le désir de Pie IX, l'évêque de Poitiers fit le voyage de Rome dans ce but. Il en était à peine revenu que la nouvelle du retrait des troupes françaises parvint à Poitiers.

En vain le général de Montebello, prenant congé de Pie IX avec l'état-major et tous les officiers, l'assura-t-il que du moins il lui restait encore l'appui moral de la France :

— Monsieur le Général, avait répondu le Pape, je l'ai déjà annoncé à vos compagnons d'armes, la Révolution l'a dit : elle viendra jusqu'ici, et vous le savez bien !

L'évêque de Poitiers le savait aussi depuis longtemps. Il

éleva la voix dans un mandement du 29 novembre 1866, où il exhale sa douleur, ses craintes patriotiques et chrétiennes, et ordonne des prières publiques. On aime à apprendre, dit Mgr Baunard, que Pie IX, en recevant ce mandement, fut le premier à s'écrier :

— Oh ! qu'il est donc brave, l'évêque de Poitiers !

On aime aussi à sourire à ces paroles de Mgr Guibert, archevêque de Tours :

— Nous sommes maintenant, Monseigneur, entre les mains de Dieu ; mais l'honneur de notre Église de France est sauvé. Cette manifestation universelle est digne de l'épiscopat.

De son côté, Pie IX n'avait pas été sans protester. Désormais donc Garibaldi pouvait venir avec ses hordes sacrilèges et les lancer jusqu'aux portes de Rome : ce qui arriva bientôt.

Cependant l'opinion publique en France et quelques discours de M. Thiers et de Berryer à la tribune obligèrent l'Empereur à affirmer par la voix de M. Rouher « qu'on défendrait le Pape contre l'Italie, et que *jamais, jamais* la France n'abandonnerait Rome. »

Mgr Pie crut à la ferme volonté du gouvernement exprimée par ce fameux *jamais* et en exprima sa reconnaissance dans une lettre au ministre des cultes. Sa bonne foi ne devait pas être de longue durée. Mgr Pie crut devoir offrir, cependant, l'expression de son respect reconnaissant à M. Thiers pour le concours apporté à la tribune française en faveur du Pape. Se trouvant à Paris, il lui fit visite dans ce but et fut reçu d'une manière très aimable. Tous deux conçurent dès lors chacun leur projet : l'un avait l'ambition de faire entrer à l'Académie l'évêque de Poitiers, et celui-ci avait l'ambition plus haute de « faire tomber sur cette âme une goutte du sang de Jésus-Christ et de lui préparer l'honneur d'une autre immortalité. » Mgr Pie cependant avait été profondément froissé de la partialité funeste à la religion que M. Thiers avait montrée dans son *Histoire du Consulat et de l'Empire.*

Malgré les documents les plus irrécusables, dit le biographe du cardinal Pie, M. Thiers avait gardé le silence sur les sentiments et les actes religieux des derniers jours de l'Exilé de Sainte-Hélène.

A la fin de juin 1868, Pie IX avait annoncé l'ouverture du Concile de Rome pour le 8 décembre de l'année suivante.

L'avenir se montrait gros d'orages, le ciel politique était à la tempête. La guerre était prévue par Mgr Pie. Quelques jours après l'annonce du Concile, l'évêque de Poitiers disait à son clergé :

— J'ai dit, Messieurs, que nous touchons à la veille de grandes choses dans l'Église, et nous touchons aussi à de grandes crises dans la société. L'ébranlement est commencé, il ne s'arrêtera pas ; nous verrons des jours mauvais.

Il parlait même de pétrole, d'explosion et d'incendie, toute cette page prophétique semble écrite à la lueur des feux de la Commune allumés trois ans après.

Néanmoins le 8 novembre il partait pour Rome où sa place était marquée au Concile. Son mérite, son ardeur au travail, sa science théologique le firent nommer rapporteur de la commission de la Foi, charge qu'il remplit à la louange de tous les Pères.

Le 18 juillet l'infaillibilité du Pape était solennellement proclamée à Saint-Pierre, à l'unanimité des évêques présents, moins deux qui allèrent le soir même et le lendemain déposer leur adhésion aux pieds du Saint Père.

Mais déjà le temps pressait. Le 19 commençait la guerre franco-allemande. Le 20 septembre les Piémontais faisaient dans Rome leur entrée sacrilège, le Pape devenait prisonnier, et le Concile interrompu. Mgr Pie était revenu de Rome après avoir reçu du Pape des témoignages évidents, non seulement de son estime mais de sa plus tendre affection pour les services rendus à la cause pontificale et au Concile.

Cependant la guerre continuait ses ravages. Le flot sanglant des blessés, venant des bords du Rhin et de la Loire, inondait la ville de Poitiers et ses alentours. Tout ce que l'évêque put mettre à leur disposition, séminaires, collèges, maisons religieuses, secours spirituels et matériels, il l'offrait généreusement. En soignant les blessés, il priait pour les morts. Un service solennel fut célébré le 9 novembre pour les soldats tués à l'ennemi.

La guerre terminée et les horreurs de la Commune ayant cessé, il restait à Mgr. Pie une œuvre considérable à faire : éclairer l'opinion publique par l'enseignement religieux, inspirer les conseils de l'État par sa correspondance et son influence au ministère; c'était agir en évêque et apporter le plus puissant des concours à la restauration catholique de la France :

« J'estime trop mon pays, écrivait-il, j'ai trop haute idée de sa prédestination divine, je connais trop sa facilité à revenir au bien après qu'il a servi le mal pour déclarer qu'il est irrémédiablement assis dans le mensonge. Non, la France n'est point apostate à toujours. »

Une haute dignité allait prochainement couronner le mérite de l'évêque de Poitiers. Déjà, peu auparavant, un cardinal français avait dit en présence du Pape :

— Rien ne ferait plus d'honneur à Pie IX que d'ouvrir le Sacré-Collège à un autre Pie, l'évêque de Poitiers.

C'était bien la pensée du Pape. Quatre chapeaux étant disponibles en France en 1873, Pie IX prévint de son désir le gouvernement français. Mais il ne fut pas agrégé par le ministère. Trois ans plus tard un personnage éminent de l'épiscopat écrivait à l'évêque de Poitiers :

« Votre Grandeur a de grandes chances d'être désignée pour le siège de Lyon et cette nouvelle cause la joie la plus vive. »

Le prélat répondait :

« Le gouvernement n'est pas enclin vers moi : le Saint Père en a la preuve. Je remercie donc son Éminence de cette ouverture, dont je comprends la pensée toute bienveillante pour moi. La Providence y pourvoira dans de meilleures conditions. »

Presque à la même date, un siège au Sénat lui était offert pour la circonscription de Niort, mais ne se jugeant pas fait pour les luttes parlementaires, trouvant qu'il était mieux à sa place dans la chaire sacrée, le prélat refusa cet honneur, comme deux fois déjà il avait refusé la candidature à l'Assemblée. Certes, c'était moins que jamais l'heure d'entrer dans la vie politique : Qu'aller faire dans cette galère?

« Nous périssons bien plus par l'anarchie intellectuelle que par l'anarchie politique, » avait dit M. Thiers, et à ce mal l'évêque se croyait plus apte à y remédier sur son siège épiscopal qu'à la tribune parlementaire.

En même temps, Mgr Pie se voyant alors très souffrant, accablé de travail et d'ailleurs impuissant à visiter seul son diocèse, avait résolu de s'adjoindre l'abbé Gay, son vicaire général en qualité d'auxiliaire.

Le choix de ce prêtre, orateur et écrivain distingué, fut agréé par l'État et le Pape et bientôt sacré à Poitiers même. Peu après, mourait Pie IX, et Léon XIII occupait à sa place le siège du Vicaire de Jésus-Christ. Mgr Pie pleura ce saint Pape, qu'il avait tant aimé et auquel également il fut si cher. Mais Léon XIII devait tenir le même rang dans son cœur, et lui-même allait être aussi cher au nouveau Pontife, car, à peine élu, Léon XIII avait demandé plusieurs fois à son entourage :

— L'évêque de Poitiers ne viendra-t-il pas prochainement à Rome?

Mgr Pie le sut et partit pour la Ville sainte, où il reçut le même accueil que sous Pie IX. On lui avait bien écrit de Rome, avant son départ, que le nouveau Pape était de l'école du libéralisme, mais l'allocution au Consistoire et l'encyclique avaient prouvé à l'évêque que Léon XIII était libéral d'une autre manière. L'évêque de Poitiers en témoigna sa joie et sa confiance dans une magnifique et longue lettre au cardinal Chigi, nonce à Paris, car, dans sa visite à Léon XIII, il avait compris la nouvelle attitude du Saint-Siège :

« Quel soulagement, écrivait-il, de pouvoir se retirer de l'audience pontificale avec des doutes dissipés, des obscurités éclaircies, des projets approuvés et encouragés! Merci, mon Dieu, d'avoir ouvert à vos serviteurs cette abondante source de lumière et de force! »

Et encore :

« Rome ne rompt jamais avec les principes et la tradition ; et ce n'est pas sous un Pape aussi nourri de la doctrine que l'est Léon XIII qu'on pourrait redouter aucune faiblesse ni aucun amoindrissement. Qu'on ne se défie donc d'aucune des inspirations de sa charité qui sera invariablement dictée et réglée par la vérité! »

En ce moment, on annonça la mort de Mgr Dupanloup. Si Mgr Pie avait estimé de son devoir de combattre parfois les idées de son illustre et zélé collègue, il n'avait jamais cessé de rendre hommage à sa vaillance contre les ennemis de la foi, principalement dans les luttes si vaillamment soutenues en faveur de l'Église pour la cause de l'enseignement. Aussi estima-t-il que sa place était auprès du cercueil de son vaillant ami, afin de prouver qu'ils s'étaient trompés ceux qui avaient voulu les montrer désunis pendant la vie. L'amertume n'avait jamais rempli le cœur de l'évêque de Poitiers.

L'heure approchait où Rome allait enfin pouvoir récompenser par la pourpre celui qui avait été le plus constant défenseur de sa doctrine et de ses droits. C'était en 1879. Par déférence pour l'initiative personnelle de Léon XIII autant que pour satisfaire aux réclamations de divers États, concernant la composition trop italienne du Sacré Collège, la proposition du Pape fut acceptée du gouvernement de Mac-Mahon à la date du 13 décembre. Mais le maréchal étant tombé au moment de la promotion au cardinalat, on eut des doutes sur les sentiments de la république anticléricale de Gambetta à l'égard de l'évêque de Poitiers. L'habileté du Nonce réussit à maintenir cette nomination à la grande joie des amis de l'évêque et des catholiques français :

« Une telle promotion honore le Saint-Siège, la France et le Saint Père, qui a su récompenser le vrai mérite et réussi à triompher des obstacles qui s'y opposaient. »

C'est ainsi que s'exprimait un cardinal. Il faudrait plusieurs volumes pour reproduire les lettres écrites au nouveau dignitaire pour le féliciter : cardinaux, évêques, princes, rois, chefs d'État, savants, publicistes, prêtres et amis, tous se trouvaient unis dans une même ovation.

« Votre nom est tout un programme, Monseigneur, disait-on, et il faudrait plaindre ceux qui ne le comprendraient pas. »

« Plus que jamais, les catholiques de France, écrivait le comte de Mun, ont besoin d'être dirigés et fortifiés ; et il semble que l'éclat nouveau répandu sur votre nom par le choix du Souverain Pontife leur désigne celui qui doit être leur docteur et leur guide. »

« Sa Sainteté, écrivait-on d'ailleurs, choisit la science, en France, en Allemagne, en Angleterre; c'est une création à part, tout à fait consolante que celle de ces nouveaux collègues (1). »

Ce n'est pas ainsi qu'était appréciée cette dignité si peu enviée par celui qui en était revêtu :

— Voyez-vous, mon cher enfant, dit-il un jour à son plus jeune vicaire général, tous ces honneurs qui me viennent ne font que m'inspirer une plus grande crainte des jugements

(1) Le cardinal Deschamps.

de Dieu, et me donner mieux à comprendre la responsabilité qui pèse sur moi.

Et dans cette pensée le pieux cardinal avait voulu recevoir, en même temps que la pourpre romaine, les insignes du Tiers-Ordre de Saint-François d'Assise :

— Ce me sera, ajoutait-il, un lien nouveau avec le Pape Léon XIII, qui porte, lui aussi, la corde de Saint-François.

Sa piété lui faisait écrire à l'archevêque de Bordeaux une lettre terminée par ces mots :

« Ni à Votre Éminence, ni à son vénéré coadjuteur, je n'ai besoin de dire que je suis et serai toujours le plus humble et le plus soumis des suffragants. »

Ces dispositions n'étaient pas celles d'un homme suffisant et fier de sa dignité.

Mais, en même temps, le nouveau cardinal ne désarme pas envers les ennemis de l'Église, fussent-ils les politiques qui mènent la France. Il appuie les énergiques revendications de Léon XIII touchant les droits de l'Église, il dénonce Paul Bert, confond les calomnies de l'impiété et montre que cette lutte n'est pas près de finir. Malgré le travail, l'âge et les infirmités devenues plus nombreuses et plus graves, le prélat écrit toujours, toujours il écrit et parle hardiment. Il relève surtout la fameuse parole : *le cléricalisme, voilà l'ennemi !* Il déclare, en effet, que l'Église est et sera l'ennemie de tout pouvoir, de toute doctrine qui met la loi de l'État au-dessus du culte dû à Dieu. C'est la parole du Pape. Mais l'Église ne se pose pas en ennemie de la société actuelle : elle ne prêche pas la séparation, elle recherche l'union ; elle ne renverse pas les pouvoirs établis, elle les avertit et les éclaire.

Avec l'année 1880, nous entrons dans la dernière partie de la vie du grand évêque.

En parlant de son Cardinalat, il avait dit :

« Ce m'est un avertissement de me préparer à mourir. »

Il s'y préparait, en effet, en s'appliquant plus que jamais aux pratiques de piété :

« C'était l'évêque toujours, mais sanctifié et mûrissant chaque jour pour l'éternité, » écrit son biographe.

Parlait-on devant lui de ses mérites et de sa dignité :

« Que tout cela ne m'illusionne guère, répondai-il, on ferait bien mieux de prier pour moi ! »

Et encore :

« Plus les hommes me louent pour ce que je parais avoir fait, plus j'ai le sentiment de ce que j'ai mal fait devant Dieu. Être réputé comme rien du tout est une perfection chez les saints, mais ce n'est que justice chez les pauvres êtres tels que nous, qui valons moins que rien. »

Quels admirables sentiments dans ce vieillard comblé de mérites et de gloire ! C'est que la piété du Cardinal Pie consistait en une religion très profonde, nourrie de foi et d'amour pour Dieu. Ses dévotions étaient les vieilles dévotions de nos ancêtres ; il n'aimait ni la nouveauté ni l'excentricité :

« Le salut, disait-il à ses prêtres, est surtout dans l'humilité, l'oubli de soi-même, la fuite de la nouveauté, l'amour du silence et de l'obscurité. »

Ce qu'il disait si bien, il le pratiquait mieux encore. Aussi quand allait venir son heure dernière, il serait prêt à quitter cette vie. Un dernier voyage à Rome l'ayant amené dans cette ville pour les besoins de son diocèse, et ceux plus considérables de l'Église de France, Léon XIII le consultait pour pourvoir aux sièges vacants de l'épiscopat. Dans la Ville sainte, il apprit que les décrets portés contre les religieux non autorisés avaient été lancés le lundi de Pâques, 29 mars. On devine sa douleur. Il se hâta de protester dans une lettre au Président de la République et dans une autre à M. Gervais, son vicaire général. A son retour de Rome, le Cardinal s'arrêta à Paris, y vit le Nonce, l'Archevêque, M. de Freycinet, M. Flourens, mais ces visites le laissèrent sans espoir de sauver les congrégations. Il arriva à Poitiers, la tristesse et le découragement peints sur son visage :

— Je ne vous demande qu'un mot, Monseigneur, lui dit un de ses vicaires généraux, conservez-vous une lueur d'espérance ?

— Aucune, répondit le prélat, ils iront jusqu'au bout. »

Cette parole devait être vraie de tous points. Le lendemain, son médecin, le docteur de la Marlière, lui parlant de la réclamation énergique adressée au gouvernement français par Léon XIII, demanda s'il n'avait pas été pour quelque chose dans cet acte :

« Je le crois bien, répondit Son Éminence en souriant ; cette lettre c'est presque moi qui l'ai écrite. »

Telle était son influence dans les conseils du Pape. Quinze jours plus tard, le Cardinal avait cessé de vivre. Sa grande âme n'avait pu voir le triomphe du bien sur le mal qu'elle avait tant combattu. Elle avait vibré une dernière fois dans ces mots qui furent son adieu à la chaire sacrée :

« Vous tous, mes Frères, si vous êtes condamnés à voir le triomphe du mal, ne l'acclamez jamais. Ne dites jamais au mal : tu es le bien ; à la décadence : tu es le progrès ; à la nuit : tu es la lumière ; à la mort : tu es la vie. Sanctifiez-vous dans les temps malheureux où Dieu vous a placés ; gémissez des maux et des désordres que Dieu tolère ; opposez-y l'énergie de vos œuvres et de vos efforts, maintenez toute votre vie pure des erreurs, libre des entraînements mauvais. »

Telle est la leçon, tel est l'enseignement que nous retiendrons de cette existence si bien remplie.

ROHAN-CHABOT (de)

COLONEL, PAIR DE FRANCE, CARDINAL.

(1788 — 1843)

> « Il était né pour l'autel, comme d'autres naissent pour le champ de bataille, pour la tribune ou pour la mer.
>
> (LAMARTINE.)

Que de contrastes dans cette vie ! Quelle mystérieuse puissance de la volonté divine pour conduire une âme où elle veut ! Tout est extrême, tout est au comble dans la rapide existence de *Louis-Auguste de Rohan-Chabot*, prince de Léon, duc de Rohan. Né à Paris en 1788, cet homme distingué fut élevé en Angleterre, où sa famille s'était réfugiée pendant la Révolution française. Impatient de revoir la patrie, il rentra de bonne heure en France et devint chambellan de Napoléon Ier, qui tenait à entourer son trône des grands noms de la vieille noblesse ; puis, à la Restauration, de Rohan-Chabot devint officier des gardes de Louis XVIII. A cette époque, il contracta mariage avec une jeune fille, représentant une ancienne et noble famille ; mais ayant eu, plus tard, le malheur de perdre cette épouse, il sentit que Dieu l'appelait à une vie plus élevée, et reçut les ordres sacrés ; il fut fait vicaire-général de Paris, puis évêque d'Auch, et nommé cardinal en 1830. La révolution de Juillet l'obligea de sortir de France, mais quand le choléra s'abattit sur son diocèse en 1832, le bon pasteur se hâta de reprendre son poste pour partager les dangers de son troupeau.

Mais laissons parler son biographe :

« Entre toutes, sa naissance est illustre, mais elle devient le motif de la persécution républicaine, et une cause d'ombrage pour le gouvernement impérial. L'éclat de son nom, la distinction de son caractère, la grâce de sa

personne, le désignent pour des charges à la cour, mais
il est par ordre, chambellan d'un souverain qu'il regarde
comme illégitime, et n'accepte les fonctions qui lui sont
à charge que pour payer la rançon de la liberté de ses
parents.

Quand les Bourbons rentrent en France, les honneurs
viennent trouver naturellement l'héritier d'une des plus
grandes familles de la monarchie ; colonel d'état-major,
officier des mousquetaires, pair de France, il met par
son mariage avec la fille du duc de Sérent le sceau à sa
félicité ; peu de jours après, la jeune duchesse, parée
pour une réception de l'ambassade d'Autriche, meurt brûlée
dans ses vêtements de fête. L'opulence de sa maison
semble rendre plus visible à M. de Rohan l'horreur de
sa solitude ; il répond à l'appel de Dieu qui le conduit
vers le sacerdoce. Là, les dignités l'attendent : il est
archevêque, il est cardinal. Mais l'injustice de ses diocésains n'est que l'avant-coureur de la foule insurgée qui
l'insulte aux journées de Juillet ; il doit s'exiler volontai-
rement, et quand il rentrera dans son diocèse, s'il peut
vaincre par sa charité l'opposition sans cause de son peuple,
c'est à la veille du jour où il doit mourir, atteint par
le fléau qu'il est venu combattre.

On l'avait vu chrétien fidèle au milieu d'une cour sans
religion ; il se rendait par nécessité d'état au théâtre, mais
à l'écart, dans le fond de la loge impériale, il égrenait
les dizaines de son chapelet, »

Quand Pie VII fut interné à Fontainebleau, il avait
osé aller lui offrir publiquement ses hommages. C'était là
un témoignage non équivoque de la fermeté de ses convictions. Il s'inclina, brisé, mais sans murmure, sous la
main de Dieu ; sa piété s'affermit, ses aumônes augmen-
tèrent, la pratique exemplaire des devoirs religieux lui
devint habituelle : il trouva auprès de M. Teysserre un

consolateur et un appui (1). Au moment de la mort de Mme de Rohan, M. Teysserre lui avait écrit :

« J'apprends la triste épreuve qui vient de mettre le comble à la générosité de votre âme et de vos sacrifices. O amour de mon Dieu, que vous êtes jaloux ! Quand vous voulez posséder un cœur tout entier, rien ne vous coûte. Vous frappez, vous renversez tout ce qui s'oppose à vos desseins. Mais, en même temps, que vous êtes doux dans vos rigueurs ! Vous ne frappez que pour guérir. Mais c'est que vous voulez à vous seul faire sa consolation, son bonheur et sa gloire. Ah ! que ne m'est-il donné de vous dévoiler en ce moment les adorables secrets de la Providence et de vous montrer, dans ce coup qui vous accable, le plus grand bienfait peut-être qu'elle pût vous accorder ! »

Leurs premières relations dataient de l'année 1806 ; le prince de Léon venait alors de prendre rang dans la Congrégation du Père Delpuits. En 1815, il fréquenta assidûment ces réunions ; il s'adonnait à ces œuvres naissantes qui lui semblaient la meilleure espérance de la France chrétienne ; à côté des plus modestes, il confondait volontiers sa grandeur et sa renommée.

Comprenant que le chrétien qui souffre « est moins un homme que Dieu a frappé qu'un homme à qui Dieu a parlé (2), » il marchait vers le sacerdoce, sentant que Dieu voulait de lui de grandes choses. Au choix de ses plaisirs, le monde voyait qu'il allait le quitter : devenu plus rare à la cour, il consacrait de longues heures à la prière, et comme en toutes choses il était vraiment magnifique, la pompe religieuse des cérémonies de sa chapelle ne le cédait en rien au luxe passé de ses somptueux équipages. »

(1) On lira plus loin une notice biographique sur ce prêtre distingué par son zèle et sa science.
(2) L. Veuillot.

Lamartine nous a laissé dans ses *Méditations poétiques* une pièce qui porte ce titre : la *Semaine sainte à la Roche-Guyon* ; on y lit ces détails sur M. de Rohan :

« C'était en 1819. Je vis, un jour, entrer dans ma chambre du grand et bel hôtel de Richelieu, rue Neuve-Saint-Augustin, que j'habitais, un jeune homme d'une figure belle, gracieuse, noble, un peu féminine.., Ce jeune homme était le duc de Rohan.

Le duc de Rohan était alors un brillant officier des mousquetaires rouges, admiré et envié pour l'élégance de sa personne, pour l'éclat de ses uniformes, pour la beauté de ses chevaux, pour la magnificence de ses palais et de ses jardins aux environs de Paris, et surtout pour la splendeur de son nom.

Il aimait les vers. M. Mathieu de Montmorency lui en avait récité quelques-uns de moi.. Il avait désiré me connaître.... Le duc de Rohan rêvait déjà le sacerdoce ; il était né pour l'autel, comme d'autres naissent pour le champ de bataille, pour la tribune ou pour la mer. Il aspirait au moment de consacrer à Dieu son âme, sa jeunesse, son grand nom.

Il possédait à la Roche-Guyon, sur le rivage escarpé de la Seine, une résidence presque royale de sa famille. Le principal ornement du château était une chapelle creusée dans le roc, véritable catacombe, affectant dans les circonvolutions caverneuses de la montagne la forme des nefs, du chœur, des piliers, du jubé d'une cathédrale. Il m'engagea à aller passer la Semaine Sainte avec lui ; il m'y conduisit lui-même. J'y trouvai une réunion de jeunes gens distingués, qui sont devenus, pour la plupart, des hommes éminents dans la diplomatie, le clergé, ou des hommes célèbres dans les lettres. Le service religieux, volupté pieuse du duc de Rohan, se faisait tous les jours dans cette église souterraine avec une pompe, un luxe et des enchantements sacrés qui enivraient de jeunes imaginations. »

M. Teysseyre, que M. de Rohan avait pris pour directeur,

n'hésitait pas sur la vocation de son noble pénitent, mais il temporisait pour mieux éprouver sa résolution définitive. Il mourut à ce moment. Trois jours après, le duc de Rohan sentit toutes ses répugnances s'évanouir subitement et faire place au plus vif attrait pour l'état ecclésiastique. Sans hésiter, il se rend chez le roi et lui fait part de ses résolutions :

—Pour tout autre sujet, lui répondit Louis XVIII, qui voulait lui faire épouser une princesse de Saxe, j'aurais de la peine de ce que vous m'annoncez ; mais pour celui-ci, je ne puis que vous louer et vous féliciter. L'épouse que vous allez prendre est bien préférable à celle que je vous aurais choisie de ma main.

Le duc de Rohan était entré au Séminaire de Saint-Sulpice en 1819 ; prêtre en 1822, il devenait aussitôt vicaire général de Paris, et ouvrit généreusement ses appartements aux membres de la Congrégation du P. Delpuits (1).

En 1828, Mgr de Rohan, devenu archevêque de Besançon, était demeuré à Paris pour la cérémonie de son sacre. Il y passa tout l'hiver, et reçut, dans les salons de son hôtel de la rue de l'Université, une société d'élite composée d'hommes haut placés, de jeunes gens bien élevés, d'opinions essentiellement religieuses et monarchiques. C'était les membres de la Congrégation.

« Tous appréciaient ce grand seigneur, dit M. de Melun, que l'élégance de ses manières, de sa mise, de ses meubles avait naguère rendu si célèbre à la Cour. Même sous l'habit ecclésiastique, il en gardait quelque chose, et par ce côté était resté duc et peut-être trop homme du monde. Mais le prêtre primait toujours le prince, et soit dans son cabinet, si soigné

---

(1) C'est comme directeur des Catéchismes de Saint-Sulpice que le nouveau prêtre avait beaucoup remarqué, dans la foule des jeunes gens qui les fréquentaient, Armand et Anatole de Melun. Il les attira chez lui, et par ses excellents conseils, le tact qu'il apporta dans sa direction pour ne pas effaroucher l'indépendance d'esprit du jeune Armand de Melun, il le prépara à devenir un jour l'apôtre de la charité, l'ami dévoué des apprentis et des ouvriers, et l'économiste éminent que l'Europe nous a envié.

et si élégant, soit dans sa chapelle d'une grâce tout italienne, on trouvait l'homme de Dieu : un cœur d'une piété fervente, une âme ardente au bien et une intelligence plus solidement meublée qu'on n'était porté à le croire. »

Le vicomte Armand de Melun, au début de sa vie politique et de charité, éprouvait des impressions inattendues dans tout ce qu'il voyait dans la maison du prince-abbé.

« Il y avait encore dans son cabinet, écrit-il, des réunions plus nombreuses, mais dont je ne faisais pas partie. Introduit néanmoins une fois dans ce cénacle, je fus un peu saisi de voir tant de monde à genoux. L'abbé de Rohan récitait, pour terminer la séance, une prière à laquelle l'assistance paraissait s'associer avec ferveur. La prière dite, chacun salua et sortit. Resté seul avec lui, je demandai quelle assemblée il venait de présider :

« Vous venez de voir, me dit-il, cette Congrégation dont on dit tant de mal ! Je ne vous ai jamais proposé d'en faire partie, parce que votre esprit critique et raisonneur s'accommoderait mal de l'obéissance que nous demandons à nos associés et des pratiques auxquelles on s'engage. Vous auriez vu là des hommes presque tous jeunes, réunis pour s'édifier, se soutenir contre le respect humain, mettre en commun leurs bonnes œuvres et leurs prières, en dehors de toute préoccupation politique, d'intérêt personnel et de vue d'ambition (1). »

En effet, M. de Rohan avait offert sa demeure à ses amis de la Congrégation. La ferveur des assistants, la simplicité des réunions, les encouragements de l'archevêque, sa réserve pour accroître le nombre des membres, tout dans le récit de M. de Melun, et jusqu'à son étonnement même, indique le caractère exclusivement religieux et édifiant de ces séances intimes. C'est ainsi que l'archevêque mettait son influence, sa maison et sa charité au service des hommes éminents qui avaient à

____

(1) Ces dernières paroles indiquent bien le but de la Congrégation fondée en 1801 par le P. Delpuits et tant redoutée des libéraux de cette époque.

cœur, dans toutes les situations sociales et notamment dans les plus élevées, de régénérer la France par leur dévouement et leur piété.

On sait que Mgr de Rohan, revenu d'exil, sans craindre les violences d'une populace que rien ne semblait toucher, donna le plus héroïque exemple de dévouement en soignant les pestiférés de son diocèse, et en mourant au service des pauvres, auxquels il abandonnait son immense fortune.

SAVOIE (Amédée de)
DUC D'AOSTE, ROI D'ESPAGNE.
(1846 — 1890)

> ...« Ce prince n'a point regimbé contre la main de Dieu... la foi a pleinement triomphé dans son âme. »

Le prince Amédée de Savoie, duc d'Aoste, ancien roi d'Espagne, frère du roi d'Italie et lieutenant général des armées italiennes, a succombé, en janvier 1890, des suites d'une maladie aiguë, succédant à une attaque d'influenza.

Né à Turin le 30 mai 1846, le duc d'Aoste, comme tous les princes de la maison de Savoie, entra dans l'armée aussitôt ses études terminées. Partout où l'armée sarde se battit, le duc d'Aoste paya vaillamment de sa personne. En 1866, à la tête de ses grenadiers, sur le plateau de Custozza, il fut grièvement blessé. Après la guerre, il vécut tranquillement et sans ambition à la cour d'Italie, à côté de son père. En 1867, le prince épousait la princesse Maria-Victoria, fille du prince Charles-Emmanuel de Pozzo.

Après le fracas de la candidature du prince de Hohenzollern au trône d'Espagne, le maréchal Prim offrit au duc d'Aoste le trône de Saint-Ferdinand, que le fils de Victor-Emmanuel accepta au mois de décembre 1870 et qu'il occupa sous le nom d'Amédée Ier.

Son règne devait être court. Le nouveau roi avait contre lui le parti carliste et les républicains qui détestaient Prim, et sa qualité d'étranger devait lui aliéner les cœurs.

A peine Amédée avait-il débarqué à Carthagène qu'il apprenait l'assassinat de Prim, tué la veille dans une ruelle de Madrid. Ce triste événement était de mauvaise augure, et tout autre que le nouveau roi l'eût considéré ainsi : c'était presque le commencement de la fin. Amédée n'en montra aucune crainte.

— Cela peut arriver partout et à tout le monde, dit-il simplement à son entourage. A Madrid, Messieurs, et faisons notre devoir !

L'ancienne noblesse s'étant tournée contre le roi, il résolut d'en créer une nouvelle. C'est ainsi qu'il anoblit une foule de gens, industriels, rentiers, politiciens. Cette mesure fut mal accueillie, et quand on lut dans la *Gazette officielle* que le roi accordait le titre de marquis à un grand fabricant d'éventails, les journaux satiriques, les scènes populaires, les chansonniers anonymes ridiculisèrent cette noblesse improvisée.

Vers cette époque, la reine Maria-Victoria mit au monde à Madrid un enfant qui fut de droit prince des Asturies et qui devait, à six mois, quitter à jamais le palais et sa patrie.

Un soir, comme Amédée Ier rentrait au palais en conduisant lui-même sa voiture, un assassin lui tira trois coups de revolver. Pas un agent de sûreté n'était là pour le protéger. Il fit courageusement face au meurtrier, lui cingla le visage d'un coup de fouet, et, lançant ses chevaux au galop, il rentra au palais.

C'était là un événement grave, ajouté à tant d'autres non moins significatifs. La situation du roi était précaire plus que jamais. Amédée le comprit et prit vite un parti. Fatigué de cette existence, persuadé qu'il ne pourrait jamais attirer ses adversaires à soutenir son trône, abandonné même des siens, le roi, à la suite de mesures ridicules prises contre un corps de troupe qu'il estimait, envoya aux Cortès, le 11 février

1873, sans consulter personne, son célèbre message d'abdication, qui tomba sur l'Espagne comme un coup de foudre et surprit l'Europe.

Il était très court, ce message, comme celui d'un soldat résolu :

« Mes adversaires seraient des étrangers, disait-il à peu près, que je resterais pour les combattre; mais comme ce sont des Espagnols, je m'en vais. »

Amédée quitta l'Espagne par un temps froid et glacial; la neige couvrait la terre comme le jour de son arrivée. La reine avait donné naissance à son enfant seulement trois jours auparavant, et elle dut sortir de sa chambre avec une fièvre terrible par cette température si rigoureuse. Tous deux, le roi et la reine, admirables de vaillance et montrant un caractère fortement trempé, prirent le chemin de l'Estramadure, se dirigeant vers le Portugal. Rien d'hostile pendant ce voyage, on les saluait même respectueusement; mais la reine ne put trouver sur son chemin ni une tasse de bouillon, ni un bol de lait.

Trois ans plus tard, la duchesse d'Aoste mourait en Italie. Sa mort changea le caractère du prince Amédée. Pendant plusieurs mois, il devint sombre, misanthrope. Ses cheveux blanchirent, le chagrin rongeait son cœur, le bonheur fuyait son âme ici-bas. Le bonheur, il eut l'idée alors de l'aller chercher dans un couvent; mais ce projet ne fut pas mis à exécution. Amédée se tourna cependant plus que jamais vers Dieu.

C'est que le prince sut profiter des leçons salutaires que la Providence lui avait ménagées à l'école du malheur. On apprit, en effet, que l'année suivante Son Altesse Royale adressa au Souverain Pontife une lettre conçue dans les termes les plus émus et les plus respectueux, telle qu'aurait pu l'écrire un prince de l'antique et très pieuse maison de Savoie. Après avoir humblement déploré tout ce qu'il avait fait ou permis contre la liberté et les droits de l'Église en Espagne, non moins que toute participation, même indirecte, à l'usurpation du patrimoine de Saint-Pierre et à l'oppression du Siège Apostolique, le prince Amédée implorait dans sa lettre le pardon de ses fautes publiques et sollicitait en grâce, de Celui qui a reçu le pouvoir de lier et de délier, d'être absous des censures qu'il avait pu encourir.

Ainsi le prince n'a point regimbé contre la main de Dieu, qui s'est appesantie sur lui en Espagne, qui l'a frappé en Italie, où sa vertueuse épouse est décédée. Depuis son retour à Turin, le duc d'Aoste avait fait implorer publiquement, et à plusieurs reprises, la miséricorde divine en faveur de la princesse souffrante. La foi se réveillait donc en lui.

On a vu également que, malgré les ovations que les organes du Quirinal lui promettaient au nom des Romains, il n'est venu à Rome qu'une fois, à l'occasion de l'ouverture du Parlement; encore en était-il parti le jour même aussitôt après avoir accompli ce triste rôle de comparse, que d'ailleurs les lois constitutionnelles imposent, une fois tous les ans ou tous les deux ans, aux membres de la famille royale, sous peine d'être frustrés de leur allocation sur le budget de l'État. Enfin, il a cédé aux instances de la pieuse duchesse d'Aoste et aux soins ingénieux et persévérants mis par elle en œuvre pour évoquer devant lui les souvenirs de la véritable gloire, qui se rattachent à l'antique maison de Savoie, alors que cette maison donnait à l'Église des saints au lieu de fournir des persécuteurs. La foi a pleinement triomphé dans son âme, et le prince s'est jeté repentant aux pieds du Vicaire de Jésus-Christ.

Il n'est pas besoin d'ajouter que Léon XIII, trop heureux de pouvoir ouvrir les bras à l'enfant prodigue, s'est empressé de répondre à son cher fils et de lui donner, avec son pardon imploré, les meilleurs conseils pour l'avenir.

Inflexible à l'égard de ceux qui osent lui faire des propositions insidieuses dans le sens d'une conciliation entre la vérité catholique et l'erreur révolutionnaire, le Souverain Pontife devient le plus indulgent et le plus généreux des Pères, lorsqu'il voit venir à lui des enfants égarés qui implorent la réconciliation.

On sait que le prince Amédée, un an avant sa mort, avait épousé la princesse Lætitia Bonaparte.

TAILHAND (Adrien-Albert)
DÉPUTÉ, MINISTRE, SÉNATEUR.
(1810 — 1889)

> « Oh ! que Dieu est bon pour moi ! »
> (*Ses dernières paroles.*)

Les hommes qui ont servi noblement leur pays et leur Dieu doivent trouver ici leur place : à cette époque où les caractères énergiquement trempés sont si rares, il est plus utile que jamais de présenter l'exemple fortifiant des hommes distingués qui, toute leur vie, ont été fidèles à la pratique et au sentiment du devoir, compris dans son sens le plus élevé. Parmi eux, il faut citer un ancien magistrat, député, sénateur, ministre, président actif de la Société de Saint Vincent-de-Paul, qui s'est éteint au milieu de la considération de tous à Aubenas, dans l'Ardèche, âgé de quatre-vingts-ans.

Les portraits de famille montrent du côté de son père des héros militaires, morts dans les honneurs ou tués au feu ; son grand-père maternel était membre des Cinq-Cents, et plus tard du Corps législatif.

Adrien-Albert Tailhand, élevé par une pieuse mère, eut le bonheur de conserver au collège ses sentiments chrétiens ; il fut étudiant, et avocat à Paris sans y perdre ni la foi ni la dignité de ses mœurs, et dès 1836, il entrait dans la magistrature. Procureur du roi à Privas, révoqué en 1848, avocat général en 1849, il devint conseiller à Nîmes, puis président d'assises pendant plus de quarante sessions, et enfin

président de Chambre et conseiller général de l'Ardèche jusqu'en 1884. Toujours il se montre l'ami des pauvres, notamment comme membre et président de la Société de Saint-
Vincent de Paul, très estimé pour ses œuvres, pour la bonté
et la droiture de son caractère.

Élu représentant de l'Ardèche à l'Assemblée nationale par
plus de quarante mille voix, le cinquième sur huit, en
février 1871, M. Tailhand siégea à la droite et prit vite dans
l'assemblée un rang notable par sa clairvoyance politique,
l'étendue de sa science juridique et la sûreté de son jugement.

Il fit partie de la commission des grâces.

Le 23 mai 1874, l'honorable député était placé au rang
le plus élevé de la magistrature, et nommé ministre de la
justice par le choix du maréchal de Mac-Mahon et les
vœux de la droite.

Nous ne pouvons marquer ici la place considérable qu'il
occupa dans l'histoire si vite oubliée des débats législatifs.
Disons seulement, pour faire ressortir l'énergie de son caractère, que, dans la séance d'où est sortie la Constitution
actuelle, on vit, fait sans précédent, le garde des sceaux se
lever seul au moment du vote, parmi ses collègues du ministère, pour s'y opposer.

Sorti du ministère en 1875 où il était remplacé par M. Dufaure, on le vit refuser un siège à la Cour de cassation.

Sans ambition aucune, il était resté simple chevalier de la
Légion d'honneur depuis 1847. D'une modestie et d'un oubli
de soi sans pareil, il arriva que par un singulier hasard, lorsqu'il prit sa retraite comme président de chambre, il ne fut
pas même nommé président honoraire, alors qu'un mot de sa
part eût suffit pour attirer l'attention et lui procurer cet
honneur. Il se tut.

Nommé sénateur de l'Ardèche en janvier 1876, il devint
bientôt président des Droites. Toujours fidèle à ses convictions
religieuses et politiques et plein d'activité, il excita le

réveil du parti conservateur de l'Ardèche, et en 1885, tous les députés de ce département présentés sous ses auspices furent élus.

Lors de l'expulsion des PP. Jésuites de la rue de Sèvres, il comprit que ces bons religieux avaient besoin d'un conseiller et d'un ami; il courut s'enfermer avec eux la veille de l'expulsion, et le lendemain, quand vinrent les séides du ministère, il était là, et ne sortit qu'avec le P. Pitot, auquel il donnait le bras.

Lié d'une étroite amitié avec le poète Reboul, il reçut son dernier soupir.

M. Tailhand quittait à son tour cette terre en 1889. Mais il ne meurt pas tout entier : sa vie politique se continue par les siens, et sa joie fut grande de voir, quelques jours avant sa mort, son gendre, M. Blachères, élu pour la quatrième fois à la Chambre, portant fièrement le drapeau du Christ. Pendant la cérémonie de l'Extrême-Onction, il avait su dire une parole aimable à tous ceux de sa famille qui étaient présents, et s'adressant d'une manière plus particulière à ses petits enfants : « Souvenez-vous toujours de cette belle journée », leur dit-il.

Cette belle journée, pour lui, c'était sa vie parvenue à son soir.

Le Souverain Pontife avait pensé à ce fidèle serviteur de la justice et de la religion et envoyé sa bénédiction de Père spirituel. Le vénéré malade en la recevant s'était écrié : « Oh! que Dieu est bon pour moi! merci, mon Dieu! et merci aussi au Saint-Père », et il s'était endormi pour toujours.

Les œuvres qu'il a soutenues ou fondées survivront à sa mémoire; elles restent comme un monument précieux à l'Église et à sa famille.

FIN

TABLE

— Lille. Typ. A. Taffin-Lefort. 1893 —